全国高职高专"十二五"规划教材

货物学基础

滕连爽　编著

中国水利水电出版社
www.waterpub.com.cn

内 容 提 要

本书共分为6章，第一章介绍货物的分类与代码；第二章系统地介绍运输中货物的质量与质量管理；第三章讲解货物的包装与标志；第四章重点分析货物的储存与保养维护方法；第五章分门别类地阐述了常见大类货物的性质；第六章特别介绍危险货物的性质与安全运输、储存与管理的注意事项。

本书适合于高职高专院校物流、货运等专业学生学习使用。

图书在版编目（CIP）数据

货物学基础 / 滕连爽编著. -- 北京 : 中国水利水电出版社，2013.8（2019.8重印）
全国高职高专"十二五"规划教材
ISBN 978-7-5170-1082-1

Ⅰ. ①货… Ⅱ. ①滕… Ⅲ. ①物流－货物运输－高等职业教育－教材 Ⅳ. ①F252

中国版本图书馆CIP数据核字(2013)第171438号

策划编辑：石永峰　杜　威　　**责任编辑：**李　炎　　**封面设计：**李　佳

书　　名	全国高职高专"十二五"规划教材 **货物学基础**
作　　者	滕连爽　编著
出版发行	中国水利水电出版社 （北京市海淀区玉渊潭南路1号D座　100038） 网址：www.waterpub.com.cn E-mail：mchannel@263.net（万水） sales@waterpub.com.cn 电话：（010）68367658（发行部）、82562819（万水）
经　　售	北京科水图书销售中心（零售） 电话：（010）88383994、63202643、68545874 全国各地新华书店和相关出版物销售网点
排　　版	北京万水电子信息有限公司
印　　刷	三河市鑫金马印装有限公司
规　　格	184mm×260mm　16开本　10.75印张　265千字
版　　次	2013年8月第1版　2019年8月第8次印刷
印　　数	14001—17000册
定　　价	28.00元

前　　言

随着国际经济和对外贸易的不断发展，运输的货物量越来越大，这就对货物质量和货运质量提出更高的要求。为了满足运输企业提高货运服务质量的需要，同时也为了使高职高专物流管理、货代、理货、集装箱、国航、报关等专业，能更加满足货运及其代理行业对从业人员的实践方面要求的加大，特从实际出发编写了本教材。

本书是在广泛参考了国际、国内货物质量、运输、管理等方面相关的著作和论文，结合实际，在进行了大量的调查研究的基础上编写而成的。本书围绕货物与货运质量，从货物的性质、包装、标志、运输、储存、保管和装卸、配积载，以及货物的质量与质量管理等方面，进行了详细而全面的分析。总结了货物在运输过程中，尤其是在水运中，不同的货物残损与溢短的原因与对策。为了体现高职高专院校学生对实践性的培养要求，本书侧重于实用性和可操作性方面的阐述。本书也可以作为物流、货运等行业从业人员的培训所用。

本书由滕连爽编写。共分为 6 章，第一章介绍货物的分类与代码；第二章系统地介绍运输中货物的质量与质量管理；第三章讲解货物的包装与标志；第四章重点分析货物的储存与保养维护方法；第五章分门别类地阐述常见大类货物的性质；第六章特别介绍危险货物的性质与安全运输、储存与管理的注意事项。

在本书的编写过程中，参考了相关的著作与论述，特在此表示忠心的感谢和诚挚的敬意！

由于时间仓促和水平限制，本书的疏忽和错误之处，敬请同行专家和读者批评指正。

编　者

2013 年 5 月

目　　录

绪　论

货物（Cargo）通常是指由运输部门承运的各种商品、原料、材料以及其他物品的总称。人们要进行社会化大生产，要进行物质生产和商品流通、交换，必须要经过运输过程才能得到实现。

货物与商品是两个不同又有着紧密联系的概念。商品是人类社会生产力发展到一定历史阶段的产物，是指通过交换，满足人们社会需要的物质形态的劳动产品，是价值和使用价值的统一体。商品的社会化大生产包括生产、交换、流通、使用四个过程。而货物一般指的是那些以流通环节作为载体的商品，当然不仅局限于流通中的商品，还包括流通中的原材料、涉外的个人物品等。所以，有些时候会出现货物与商品的重叠。一般，我们在运输环节习惯称之为货物，在销售、消费等其他环节称之为商品。

随着社会生产和经济的不断发展，社会产品的不断丰富，运输的地位日益显得重要。运输职能主要是实现货物的空间移动。随着生产社会化、专业化程度的提高，生产与消费在同一地点几乎成为不可能，运输本身就是解决货物在生产地点和消费地点之间的空间差异，进而创造物品的空间效用，实现物质生活资料的使用价值。运输包括企业内部的运输以及城市之间、农村与城市之间、国家与国家之间的运输等。所以，要实现货物的空间位移和空间场所价值，运输是一个极为重要的环节，在社会物流活动中处于中心地位，是物流的一个支柱。

我们现在所说的物流过程是由采购、生产、包装、运输、保管、装卸搬运、储存、流通加工、回收等过程共同组成的。没有运输，也就没有商品的流通过程，商品的价值和使用价值就无法实现，社会再生产也不可能正常进行。

运输在物流中的作用主要表现在：

1. 运输是物流的主要功能要素之一

根据物流的概念，物流是“物”的物理性运动，这种运动既改变了物的时间状态，又改变了物的空间状态。运输是改变空间状态的主要手段，承担了改变空间状态的主要任务，运输再结合搬运、配送、储存、保管等活动，就能圆满完成改变空间状态的全部任务。在现代物流观念未诞生之前，甚至就在今天，仍有不少人将运输等同于物流，其原因就在于运输是物流中的主要责任担负者。

2. 运输是社会物质生产的必要条件之一

马克思将运输称之为“第四个物质生产部门”，是将运输看作生产过程的继续，这个继续虽然是以生产过程为前提的，但如果没有了运输，生产过程则不能最终完成。所以，虽然运输不创造新的物质产品，不增加社会产品数量，不赋予产品以新的使用价值，只变动其所在的空间位置，但这一变动则使生产能继续下去，使社会再生产不断推进，所以将其看成一种物质生产部门。因此，我们可以认为，运输是连接生产和消费的纽带，是社会再生产的必备环节。

3. 运输可以创造“场所效用”

场所效用是指，同种“物”由于空间场所不同，其使用价值的实现程度有所不同，其效益的实现也不尽相同。由于改变场所而最大发挥使用价值，最大限度提高产出投入比，这就称之为“场所效用”。通过运输，将“物”运到场所效用最高的地方，就能发挥“物”的潜力，实现资源的优化配置。从这个意义来讲，也相当于通过运输提高了物的使用价值。

4. 运输是企业“第三利润源”的主要源泉

物流被认为是企业的“第三利润源”，作为物流的主体和重要的组成部分，运输也便理所当然的成为了企业的“第三利润源”。

尤其是现阶段国际贸易的不断发展，使得国际间运输的货物量大幅发展和提高。这就对货运企业及货运质量与管理提出了更高的要求。

货物的运输方式多种多样。常见的有水上运输（包括内河运输和海上运输）、陆上运输（包括铁路运输和公路运输）、航空运输、管道运输、邮政运输、集装箱运输、国际多式联合运输等。目前，常见的运输方式一般有五种，分别是铁路运输、水陆运输、公路运输、航空运输和管道运输。这五种运输方式采用不同的运输工具，具有不同的运输效能和使用范围，而且在五种基本运输方式的基础上又派生出多式联运、集装箱运输等综合运输方式。因此，对不同的运输方式的特点和优势进行对比，合理选择和使用各种运输方式和运输工具，对确保商品运输的及时性和经济性具有十分重要的意义。

铁路运输又称为火车运输，是现代主要的运输方式之一。我国目前有大约 50%左右的货运量依赖铁路，铁路运输在国民经济中起着大动脉的作用。

铁路运输的承运能力大，适合大批量低值商品的长距离运输；铁路运输不受气候和自然条件限制，在运输的准时性方面占有优势；铁路运输可以方便地实现直达运输、集装箱运输及多式联运。但是也存在铁路建设项目投资较大、建设周期长；运输时间较长；铁路运输中的货损率比较高；不能实现最终的“门到门”运输等不利条件。因此，铁路运输多适用于大宗低值货物的中、长距离运输，散装货物（如煤炭、矿石）、罐装货物（如石油化工产品）运输；大量货物一次高效率运输。对于运费负担能力小、批量大、运输距离长的货物运输来说，铁路运输运费比较便宜，而且安全系数大。

公路运输主要是指使用汽车或其他车辆，在公路上运送客货的一种运输方式。它主要承担近距离、小批量的货运和水运、铁路运输难以到达地区的长途、大批量货运，以及铁路、水运优势难以发挥的短途运输。由于公路运输有很强的灵活性，近年来，在有铁路、水运的地区，较长途的大批量运输也开始使用公路运输。公路运输速度快（据国外资料统计，一般在中短途运输中，汽车运输的运送速度平均比铁路运输快 4～6 倍，比水路运输快 10 倍），且灵活、方便。汽车除了可以沿公路网运行以外，还可以深入工厂、矿山、车站、码头、农村、山区、城镇街道及居民区，空间领域大，这一特点是其他任何运输工具所不具备的。公路运输还具有以下优点：项目投资小，经济效益高。一般公路运输的投资每年可以周转 1～2 次，而铁路运输 3～4 年才周转一次。操作人员容易培训。可以提供 “门到门”的直达运输服务，速度快。近距离中、小量的货物运输，运费比较便宜。能灵活制定运营时间表，运输中的伸缩性极大。运输途中货物的撞击少，几乎没有中转装卸作业，因而货物包装比较简单，节省成本。但公路运输也存在装载量小，运输成本高；燃料消耗大；环境污染比其他运输方式要严重得多等问题。因此，公路运输多适用近距离的独立运输作业，主要为中短途运输（25km 为短途运输，200km 内为中途运输）；补充和衔接其他运输方式，实现最终的“门到门”运输。

水路运输是指利用船舶在江、河、湖泊、人工水道以及海洋运送旅客和货物的一种运输方式。在现代运输方式中，水路运输是一种最古老、最经济的运输方式。水路运输利用天然水道，进行大吨位、长距离的运输；运量大、成本低；与其他运输方式相比，水运对货物的载运和装卸要求不高，因而占地较少；对于海上运输而言，它的通航能力几乎不受限制。但水路运输因为船舶平均航速较低，影响了货物运输的时效性；受自然条件影响较大，特别是受气候条件影响较大，因而呈现较大的波动性及不平衡性，不能适应需求变化大、时效性强的商品运输。因此，水路运输多适用于承担大批量货物及原料、半成品等散货的运输；适合远距离、大运量的外贸货物运输。水路运输生产过程相当复杂，具有点多、线长、面广、分散流动、波动大等特点。

航空运输简称空运，是指用飞机或其他飞行器载运客货的一种现代化运输方式。航空运输具有高速直达性，较高的安全性，经济特性良好，包装要求低等优点。但同时也具有易受气候条件等的限制；可达性差，难以实现客货的“门到门”运输，必须借助其他运输工具转运；运载量小，一般大型运输机的运载量低于 100t 等缺点。因此，航空运输多适用于国际间的客货运输；适用于高附加值，重量轻和小体积的物品运输；适用于时效性强、需求紧急的货物运输。

管道运输是主要利用管道，通过一定的压力差而完成商品（多为液、气体货物）运输的一种现代运输方式。它由埋设在地下的管线和地面上加温、加压等配套设备所组成。管道运输一般指输送气体和液体货物的大型管道，如天然气管道、石油管道等。管道运输的运量大；占地少，运输管道埋于地下的部分占管道总长度的95%以上，因而对于土地的永久性占用很少，分别仅为公路的3%，铁路的10%左右，对于节约土地资源，意义重大；管道运输的建设周期短、费用低，运营费用也低；管道运输安全可靠、连续性强；管道运输耗能少、成本低、效益好。但是，管道运输的灵活性差；此外运输量明显不足时，运输成本会显著地增大。因此，管道运输多适用于单向、定点、量大的流体状货物（如石油、油气、煤浆、某些化学制品原料等）的运输。

综合以上运输方式的介绍，水上运输的货物运输量大（一般一艘万吨轮船的载货量相当于250～300节火车车皮的货运量）、运费低、通过能力大、对货物的适应性强。因此，越来越多的货物经过水上运输方式进行运输，特别是在国际间运输的外贸货物，90%以上采用水运方式运输。但同时，水上运输也具有航行速度慢、海上货运风险大等缺点，这就对货运质量提出了更高的要求。货运质量是水运企业的生命线，也是水运企业生存、发展的基础，货运质量的优劣将直接影响企业乃至整个国民经济的发展。而货运质量的高低与货运企业的管理水平、货运人员的业务素质高低有着密切的联系。水运生产中发生的货损货差事故，会直接关系到货主和托运人的利益，同时也决定了水运企业的经济效益和信誉，有时还可能引发船毁人亡等重大的安全事故。尤其是现阶段国际贸易的不断发展，使得国际间运输的货物量大幅提高，这就对货运企业及货运质量提出了更高的要求。

水上运输的货物必须具备四个要素：船、货、港、线。船，是海上货物运输的工具。随着科学技术的进步，船舶的类型日益增多，根据运载对象可分为客轮、货轮和客货两用轮三种。其中，货船又可以分为杂货船、散装船、油船、集装箱船、冷藏船、滚装船等多种形式。货物，是海上运输的对象、客体。港口，是海上交通与陆上交通连结的枢纽、船舶进出的口岸、国家的门户。港口的作用在于方便客货进出，促进国际贸易，利于船舶停靠和周转，供应船舶补给和维修，便于货物的装卸和存储等。航线，是海洋中由一定的水深、潮流、风向和港口组成的，可供船舶航行的通道。

货物是水运企业生产的主要对象。水上运输的货物种类繁多，性质各异，批量不一，包装形式也各不相同。在整个的水上运输过程中，货物从接受进港、装卸、航行、卸船、理货、保管直至最终交货，要经过众多的运输、保管和装卸环节，有时还要通过多种运输工具的联合作业，装上搬下，少则十几次，多则几十次。在运输的整个环节中，只要某一个环节没有采取相应的安全措施，货损货差的发生就不可避免。货物运输生产的复杂性告诉我们，要提高货运质量、运输装卸效率，对水运企业来说是至关重要的。因此，对水运中的货物的研究也是必不可少的。

运输部门对承运的货物所负的责任期间，开始于发货地点接受货物之时，直至在到达地点将其交付收货人之时终止。其中，承运人的责任开始于从货物装上船时起，截止于货物卸下船时止；港口经营人的责任开始于起运港接受货物时起至装上船止，以及到达目的港从货物卸下船时起至交付时止。承运人和港口经营人的责任期间相互衔接并在履行各自的合同时都有验收货物和交付货物的责任，其责任界线规定交前由交方负责，交后由接方负责。外贸货物承托运双方的责任依据是运输契约，一般以船边为界进行货物的交接。水运企业在运输责任期间，对于收发货人负有将承运货物完好交付的责任。

货物学的研究对象就是运输环节的货物。通过对货物的分类、性质、包装、标志、质量、标准、检验、运输、装卸、理货、质量维护、堆存保管、配积载等内容的研究，探讨保证和提高货运质量的措施与对策；通过对货物运输的过程控制，在保证货物质量与数量的同时，加快理货、交接、装卸的速度，提高货物的运输效率，加快货物的周转，从而提高货运企业的经济效益。总之，就是要通过对水运中货物的研究，达到安全、优质、高效、迅速、便利地运输货物，提高水运企业的经济效益，促进工农业生产的发展和外贸事业的进一步繁荣昌盛。

复习思考题

一、名词解释

1．货物　　2．商品　　3．货物学

4．外贸货物　　5．保税货物

二、思考题

1．货物学的研究对象与内容是什么？

2．货物学的研究目的是什么？

3．水运中与货物运输有关的风险是如何划分的？

4．货物常见的运输方式有哪些？水运的优缺点有哪些？

第一章　货物的分类与代码

第一节　货物（商品）分类的概念与方法

一、货物（商品）分类的概念

货物（商品）的分类是指根据一定的目的，为满足商品生产、流通、贸易、经济管理和其他人们生产、生活的需要，选择适当的分类属性或特征，将货物（商品）总体科学、系统地逐级划分为大类、中类、小类、细类等的过程，如表 1-1 所示。

表 1-1　货物（商品）分类的类目及应用实例

商品类目名称	应用实例
商品门类	化工产品
商品大类	日用工业品
商品中类	家用化学品
商品小类	洗涤用品
商品品类	肥皂
商品品种	香皂
商品细类	薄荷香型香皂

二、商品（货物）分类方法

商品（货物）分类时经常采用的方法一般有线分类法和面分类法两种。在编制商品（货物）分类体系或目录时，常常把这两种方法结合起来使用。

（一）线分类法

线分类法，又叫层次分类法，是将确定的商品（货物）集合总体按照一定的分类标志，逐级地分成相应的若干个层级目录，并排列成一个有层次的、逐级展开的分类体系的方法。分类后，一般表现形式是大类、中类、小类、细类等层次，将分类对象一层一层地具体进行划分，各层级所采用的分类标志不同，各个类目之间构成并列或隶属关系。

线分类法属于传统的分类方法，使用范围最广泛，国际贸易和我国国内商品流通领域中，许多商品分类均采用线分类法。

（二）面分类法

面分类法又称为平行分类法，是把分类的商品（货物）集合总体按照不同的分类标志划分成相互之间没有隶属关系的各个面，每个面中都包含一组类目信息，将一个面中的一个类目与另一个面中的一个类目组配在一起，即形成一个新的类目，这种分类方法就是面分类法，如表 1-2 所示。

表 1-2 面分类法实例

服装面料	式样	款式
纯棉	男式	西装
纯毛	女式	中山装
中长纤维	儿童	连衣裙
毛涤	婴儿	内衣
丝绸	老年	夹克

面分类法具有结构弹性好、便于计算机处理、有良好的适应性等优点，但容量利用不充分，组配的结构太复杂，不便于手工处理。目前，一般都把面分类法作为线分类法有效的辅助。

复习思考题

一、名词解释

1．货物分类　　2．线分类法　　3．面分类法

二、选择题

1．在货物的分类体系中，一般将其分成（　　）类目层次。

A．大类　　B．中类　　C．小类　　D．细类

2．在商品分类中最常用的分类方法是（　　）。

A．线分类法　　B．面分类法　　C．线面结合　　D．平行分类法

3．面分类法所形成的各个类目间的关系是（　　）。

A．层次　　B．隶属　　C．平行　　D．并列

4．下列属于线分类法优点的有（　　）。

A．层次清楚　　B．便于手工处理

C．容量大　　D．结构复杂

5．下列属于面分类法缺点的有（　　）。

A．结构复杂　　B．弹性差

C．不便于手工处理　　D．便于计算机处理

三、思考题

1．比较线分类法与面分类法。

2．试举出一个常用的线分类法的例子。

第二节　商品（货物）的编码

商品（货物）编码又称商品（货物）代码，是指赋予某种商品（货物）或某类商品（货物）的代表符号。符号可以由字母、数字和其他特殊标记组成。商品（货物）科学分类是建立在商品（货物）分类体系和商品（货物）目录的基础上，是合理编码的前提，而商品（货物）编码是商品（货物）分类体系和商品（货物）目录的重要组成部分，是进行商品（货物）科学分类的一种手段。因此，商品（货物）编码与商品（货物）分类密切相关，分类在先，编码在后，在实践中也称为商品（货物）分类编码。

商品（货物）编码可使繁多的商品（货物）便于记忆，简化手续，提高工作效率和可靠性，有利于计划、统计、管理、外贸等业务工作，便于计算机处理数据。目前，美国、德国等发达国家已建立了现代化的统一商品（货物）分类编码系统，并运用计算机实行科学的管理，从而避免了物资的重复设计、制造、采购、储存和运输所造成的浪费，有效地促进了物资流通，提高了物资供应和利用率，加速了资金周转，取得了显著的经济效益。

一、商品（货物）编码的种类和方法

商品（货物）编码按其所用的符号类型分为数字代码、字母代码、字母数字混合代码和条形码四种。其中，普遍采用的是数字代码和条形码。

（一）数字型代码

数字代码是用一个或若干个阿拉伯数字表示商品代码的方法。数字代码结构简单、使用方便、易于推广，并且便于计算机处理数据信息，是目前国际上广泛采用的一种代码形式。数字型代码具体可以采用顺序编码法、层次编码法、平行编码法、混合编码法等四种。

1. 顺序编码法

顺序编码法，就是按照商品（货物）的排列顺序，给予一定数量的码位，并将码位按顺序依次排列的方法。多适用于品种少的商品（货物）的分类。如果待编码的商品数量较多，则不适用此方法。

2. 层次编码法

层次编码法，是按商品（货物）类目在分类体系中的层级顺序，依次赋予对应的数字代码，是在线分类法的基础上形成的。因此，层次编码法主要用于线分类体系。国家标准 GB 7635-87《全国工农产品（商品、物资）分类与代码》就是采用层次编码法，整个编码结构分为四层，由 8 位数字代码组成。

层次编码法的优点是编码简单、逻辑性强、信息量大，能明确地反映出分类编码对象的属性或特征及其相互之间的关系，便于计算机汇总数据；层次编码法的缺点是弹性较差，需要预先留出相当数量的备用号，留待补充新的商品，从而出现号码的冗余。所以，这种编码方法最适用于编码对象变化不大的情况。

3. 平行编码法

平行编码法，是每一个分类面确定一定数量的码位，代码各组数列之间是并列平行关系，是在面分类法的基础上形成的。因此，平行编码法多用于面分类体系，其优点是编码结构有较好的弹性，可以简单地增加分类面的数目，必要时还可更换个别的类面，可全部用代码，也可部分用代码。这种编码适用于多种查找任务，也便于计算机处理。但平行编码法也存在代码过长、冗余度大的缺点，有的编码没有现实意义，不便于手工处理信息。

4. 混合编码法

混合编码法是层次编码法和平行编码法的合成。在实践中，编码法和分类法一样，通常不单独使用。当把分类对象的各种属性或特征分列出来后，某些属性或特征用层次编码法表示，其余的属性或特征则用平行编码法表示。这样，可以择其优点、弃其缺点，效果往往更为理想。

（二）条形码

1. 条形码的产生和发展

条形码又叫条码，是由一组宽窄不同、黑白（或彩色）相间的平行线条及其对应的字符，按照一定的规则，排列组合而成的条空数字符号，代表一定的信息（商品的产地、数量、规格、型号、价格等）。条形码是计算机输入数据的一种特殊代码。条形码技术具有简单、信息采集速度快、采集信息量大、可靠性高、设备结构简单、成本低等特点，因此在流通、储存、消费等许多领域都得到了广泛使用。

商业是最早应用条形码技术的领域之一。条形码的研究始于20世纪中期。1973年，美国统一代码委员会（UCC）从若干种条形码方案中选定了IBM公司提出的条形码系统，并把它称为通用产品代码（简称UPC条码），在美国和加拿大推广应用。

为在世界范围内推行条形码系统，协调条形码在各国的应用，英国、法国、前联邦德国等欧共体12国于1977年成立了欧洲物品编码协会（European Article Numbering Association，EAN），并于1981年改名为国际物品编码协会（International Article Numbering Association）。在吸取了UPC条形码优点的基础上，欧洲物品编码委员会开发出了与UPC条形码兼容的欧洲物品编码系统，并在欧洲乃至全球推广应用，简称为EAN条码。现在国际物品编码协会的会员已超过50多个国家和地区，EAN条码已在世界各国普及，成为国际通用商品标识代码与系统，见表1-3。

表1-3　国际物品编码协会成员国与地区代码

国家或地区	国家或地区代码	国家或地区	国家或地区代码
美国、加拿大	00～09	葡萄牙	560
法国	30～37	冰岛	569
日本	49	匈牙利	599
英国	50	南非	600、601
比利时、卢森堡	54	中国	690～694
丹麦	57	以色列	729
芬兰	64	墨西哥	750
挪威	70	委内瑞拉	759
瑞典	73	哥伦比亚	770
瑞士	76	乌拉圭	773
意大利	80～83	秘鲁	775
西班牙	84	阿根廷	779
荷兰	87	智利	780
奥地利	90、91	巴西	789
澳大利亚	93	土尔其	869
新西兰	94	韩国	880
中国台湾	471	泰国	885
中国香港	489	新加坡	888
希腊	520	马来西亚	955
塞浦路斯	529	巴布亚新几内亚	959

我国条形码技术的研究始于20世纪70年代。为普及、推广、研究条形码技术，国家技

术监督局于 1988 年 12 月正式成立了中国物品编码中心，并在各地设立了物品编码分中心。该中心的任务是：联系 EAN 和国际上其他编码机构；推广应用和发展 EAN 条码系统；统一组织、协调和管理我国的条码工作。1991 年 4 月，中国物品编码中心正式被国际物品编码协会接纳为会员，可以采用 EAN 条码系统，为我国大规模推广应用条码技术创造了有利的条件。

2. 条码的种类和组成

（1）条码的种类

目前，常用的条形码在商品流通领域，分为消费单元的条码和储运（物流）单元的条码。消费单元是指通过超级市场、百货商店、专业商店等销售终端直接售给最终用户的商品单元。消费单元的常用条形码有 UPC 条码和 EAN 条码。储运单元的条码有 DUN-14 条码、DUN-16 条码、ITF-14 条码、ITF-16 条码、EAN/UPC-J128 条码（简称 EAN-128 条码）等。条码在不同的领域有不同的种类。

（2）条码的组成

条码是由条码符号和相对应的字符代码组成的。把商品数字代码转换成商品条码，是按照一定的编码规则，将代码的每个数字用相应的条、空及其对应的字符表示出来得以实现的。商品条码，不仅可以实现销售、仓储、运输、订货、结账等的自动化管理，而且通过产、供、销信息系统可以准确、及时地提供或获得所需要的商品（货物）信息、物流信息和商流信息，从而有效地制定商品生产、销售、储运、广告计划，生产适销对路的商品，提高商品生产和经营效率。

总之，条形码的应用为商品产、供、销之间的信息沟通和信息交换提供了统一的标志和畅通的渠道，而采用条形码管理又在产、供、销之间建立起了有机的联系。这对经营管理人员及时掌握市场动态，剔除滞销商品，确定合理库存，保证商业经营活动的顺利进行，具有重要意义。另外，销售商还可以通过信息系统及时将各种商品的销售信息反馈给制造厂商，从而缩小了供、销环节之间信息传递的时空差。常用的条码形式如图 1-1 所示。

图 1-1　常用的条形码

图 1-2 所示为 ITF-14 条码的结构示意。

3. 常用的条码种类

（1）通用产品条形码

通用产品条形码简称 UPC 条码，是美国统一代码委员会（UCC）于 1973 年推出的一种商品条码，广泛应用于美国和加拿大等北美地区的商品流通领域。各国出口到美国、加拿大等北美国家的商品，其包装上必须印有 UPC 条码。UPC 条形码有标准版（UPC-A）和缩短版（UPC-E）两种形式。

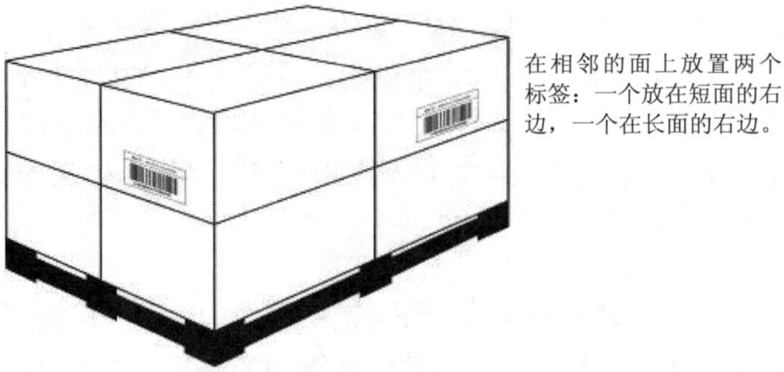

UCC/EAN-128 条码标识的非零售商品

图 1-2　ITF-14 条码结构示意图

UPC-A 条形码由表示 12 位数字的条码符号组成。其结构分为三部分，第一个阿拉伯数字为前缀码，又称为编码系统符，由 0～9 十个阿拉伯数字表示，代表不同的含义（“0”标识规则包装的商品；“2”标识不规则重量的商品；“3”标识医药卫生商品；“4”标识为零售专用；“5”标识为用信用卡销售的商品；“7”为中国申报的 UCC 会员用；1，6，8，9 为备用码）。编码系统符由美国统一代码委员会（UCC）统一分配给它的每个会员（UCC 会员）来使用。中间 10 位数字为编码数字，前 5 位阿拉伯数字代表的是制造厂商代码，用于标识商品生产厂家，由 UCC 分配给每个会员；后 5 位阿拉伯数字是商品标识代码或商品项目代码，用于标识商品的特征或属性，由制造厂商根据 UCC 的规则自行编制和管理。最后 1 位阿拉伯数字为校验码，用于校验代码符号的正确性，是按照一定规则计算确定的。

UPC-E 条形码是 UPC-A 条形码的一种特殊的缩短形式，可以理解为是删除了 UPC-A 的 4 个或 5 个“0”得到的。缩短版的使用是有限制条件的。只有当商品很小，无法印刷标有 12 位数字的 UPC-A 标准版条形码，并且前缀号只能取“0”，也就是说，只有当 UCC 给企业分配的编码系统字符是“0”时，才允许使用 UPC-E 条形码。例如香烟、胶卷、化妆品等商品。UPC-E 条形码由表示 8 位数字的条形码符号构成，其结构由三部分组成。第一位阿拉伯数字是前缀码；第二部分由 6 位阿拉伯数字组成，表示商品信息代码，是根据一定规则由厂商代码和商品项目代码经删“0”后得出；第三部分是校验码，UPC-E 的校验码计算方法与 UPC-A

相同，但是要首先将 UPC-E 还原成 UPC-A 形式。

（2）国际物品条形码

国际物品条形码简称 EAN 条码，是国际物品编码协会（EAN）推出的一种国际通用商品条码，主要用于超级市场里或一些自动销售系统销售的单件商品。凡进入国际市场的商品其包装上必须印有 EAN 条形码。

EAN-13 条形码的前 2 位或前 3 位阿拉伯数字为前缀码，是国别代码（也称前缀码，其中，中国分配的国别代码为 690、691、692、693），用于标识商品来源的国家和地区，由国际物品编码协会统一来分配管理。国别代码后面的 5 位或 4 位阿拉伯数字为制造厂商代码，用于标识生产企业或批发公司，由国际物品编码协会在各国（地区）的分支机构分配管理；制造厂商代码后面的 5 位阿拉伯数字为商品代码，用于标识商品的特征或属性，由制造厂商依据 EAN 的规则自行编制。最后一位数字为校验码，用于校验代码输入的正确性，根据一定的运算规则由以上三部分数字计算得出。EAN 条形码与 UPC 条形码是兼容的，当 UPC 条码进入 EAN 条形码系统时，只要在前面补一个“0”就可以了。

二、商品名称及编码协调制度

《商品名称及编码协调制度》（The Harmonized Commodity Description and Coding System）简称协调制度（HS），是在《海关合作理事会商品分类目录》（CCCN）和联合国《国际贸易标准分类目录》（SITC）的基础上，协调国际上多种主要的税则、统计、运输等商品分类目录而制定的一部多用途的国际贸易商品目录。它是一个完整、系统、通用、准确的国际贸易商品分类体系，具有严密的逻辑性和科学性。截止到 1999 年 9 月，在国际上已有 176 个国家和地区采用协调制度目录作为本国和本地区的海关税则及商检和外贸统计商品目录。

我国海关自 1992 年起采用该制度，以其为基础结合我国实际进出口货物情况，编制了《中华人民共和国海关进出口税则》和《中华人民共和国海关统计商品目录》。世界贸易组织（WTO）贸易总量的 90%以上的货物是以协调制度目录进行分类的。协调制度在国际贸易、贸易统计、国际运输、国际贸易谈判以及经济分析等方面起着日益重要的作用。

（一）协调制度的结构

协调制度商品分类目录将国际贸易商品分为 21 类、97 章（第 77 章是空章）、5000 多个 6 位数级商品编码，整个分类体系法律效力文本由归类总规则、注释（类注、章注、子目注释）和商品编码表三部分组成，各组成部分的地位、特点、作用及相互关系分述如下：

1. 商品编码表

（1）商品编码表

商品编码表由协调制度编码（简称商品编码）和商品名称（亦称项目条文和子目条文）组成，是协调制度商品分类目录的主体，从属于 21 类，分布在 97 章中。商品编码栏居左，商品名称栏居右，依次构成一横行。

（2）协调制度分类原则

协调制度基本上以商品所属的生产行业为类的划分依据，如第六类为化学工业及相关工业的产品，第十一类为纺织工业的产品。以商品的自然属性（原料性商品）或所具有的功能和用途（制成品）为设章原则，如第 28 章无机化学品（自然属性相同），第 57 章地毯及其他铺地用品（功能相似）。类次及同类内章次多依照先动物产品，再植物产品，后矿物产品的顺序排列，如活动物以及动物产品在第一类，植物产品在第二类，矿物产品在第五类；又如第十一类中第50、51章为动物纤维及制品，第52、53章为植物纤维及制品。同章内商品编码号列基本上依商品加工程度，由低向高递增。依此原则，同章内原材料商品在前，半成品居中，制成品居后。此外，对同类商品按具体列名、一般列名和未列名的顺序排列。对同一商品整机在前，零件或配件在后。协调制度分类时还注意照顾了商业习惯和实际操作的可行性。对某些进出口量较多，又难于按生产行业分类的商品，专列类、章和商品项目，如第二十类第94章的活动房屋即属此种情况。

（3）结构性商品编码

协调制度采用结构性商品编码。商品编码是具有特定含义的顺序号，它用四位数码表示项目号列。前两位表示项目所在章，后两位表示此项目在该章的排列序次。如商品编码47.05，表示该商品在第47章，列第5个项目。一些项目被细分为一级子目。一级子目用五位数码表示，第五位数码表示它在所属项目中的顺序号；一些一级子目又被进一步分为二级子目，用六位数码表示。第六位数码表示二级子目在所属一级子目中的顺序号。没有设一级或二级子目的项目，商品编码的第五位或第六位数码为0，如050100。需要指出的是，作为未列名商品的第五位或第六位数码用数字9表示，不代表它在该级子目中的实际序位，其间的空序号是为在保留原有编码的情况下，适应日后增添新商品而设立。数字9被未列名零件占用时，数字8表示未列名整机。另需要指出的是，由于协调制度四年一度的修改，及在一定时间内不能使用已删除的编码，所以从1996年版本开始协调制度目录编码的连续性已被破坏，如15.18项目后是15.20而不是15.19（已删除）；3823.1后是3823.7而不是3823.2（已删除）。

（4）项目条文

四位数级货品名称即项目条文，主要采用商品的名称、规格、成分、外观形态、加工程度或方式、功能及用途等形式限定商品对象。它是协调制度具有法律效力的归类依据，居于优先使用的地位。协调制度商品归类是协调制度商品分类的逆运用，是依照商品归类原则，将商品归入协调制度分类目录的某一商品编码的操作。

（5）子目条文

它是协调制度具有法律效力的归类依据，在子目归类时，处于各种归类依据最优先的使用地位。

2. 注释

协调制度中的注释有三种。

第一，位于类标题下的注释，简称类注；

第二，位于章标题下的注释，简称章注；

第三，位于类注、章注或章标题下的子目注释。

注释是为限定协调制度中各类、章、项目和子目所属商品的准确范围，简化项目和子目条文文字，杜绝商品分类的交叉，保证商品归类的正确而设立的。

3. 协调制度归类总规则

协调制度归类总规则，位于协调制度文本的卷首，是指导整个协调制度商品归类的总原则。归类总规则共有6条，是商品具有法律效力的归类依据，适用于项目条文和注释无法解决商品归类的场合。

（二）协调制度的重审和修订

协调制度是一个以公约形式保证其统一实施的国际商品分类目录，根据公约规定设立了协调制度委员会。为使协调制度适应科学技术的发展及国际贸易格局的变化，协调制度委员会在它的第一届会议上决定，每隔四年就要对目录作一次全面的重审和修订，因此自1988年实施起已进行了两次修订，形成了1988、1992及1996年版三个版本。

（三）《商品名称及编码协调制度注释》

为了便于协调制度的执行，保证在使用协调制度时商品分类和归类的一致性，海关合作理事会（1994年更名世界海关组织）主持制定了《协调制度注释》。它是协调制度所列商品名称及编码范围最具权威性的解释文件，是协调制度必不可少的参考书。需要明确的是，归类时该书不具有法律效力，具有法律效力的归类依据只有归类总规则、类注释、章注释、子目注释和项目条文。

（四）海关税则和海关统计商品目录

现行《中华人民共和国海关进出口税则》和《中华人民共和国海关统计商品目录》是以协调制度为基础，结合我国实际进出口情况编制而成的。它的问世，结束了我国海关税则和统计所用商品分类目录不同的历史。为我国参加国际间关税及贸易谈判，开展海关征税、监管、统计以及数据分析比较、信息交流等工作带来了极大的便利，是海关管理的一项重大改革。

1. 海关进出口税则

（1）海关税则

现行海关税则结构与协调制度商品分类目录结构基本相同，也由归类总规则、注释和商品编码表三部分组成。两者相比较，后者在商品编码表中增设了税率栏，并将商品编码改称税则号列，税则号列的前六位数码及其货品名称与协调制度相应栏目完全一致。为适应我国关税、统计和贸易管理的需要，税则号列增设了第七、八位数码，第七位数码和第八位数码分别代表第三、四级子目。与此相适应增设了必要的三、四级子目注释。新子目的增设体现了我国关税政策和产业政策，有利于统计进出口较大的产品及新技术产品。无三、四级子目的税则号列，第七、八位数码为0。

其中一级、二级、三级、四级子目有可能简称为一杠、二杠、三杠、四杠子目。

海关税则逐条采用了HS的归类总规则、类注释、章注释及子目注释，也以《协调制度注释》作为最具权威性的解释说明文件，商品归类原则和方法亦与协调制度相同。

注：协调制度国家标准将第五和第六位数字作为HS子目代码，第七和第八位数字作为本国一级子目代码。

（2）税则归类

税则归类是税则分类的逆运用，是依据商品归类原则，将进出口商品正确地归入海关进出口税则的某一税则号列，以便依率计征关税。

为确保归类的正确，有关人员必须做到以下几点：

第一，应具有化学、生物学、物理学的基本知识和丰富的商品知识。对商品不但要了解其名称（学名、别名）、原料（组分及含量）、结构、规格、性能、制造原理、加工状况（方式、过程、程度），以及功能和用途等商品知识，还应了解相关商品的相互区别和联系。

第二，要从三方面熟悉税则结构，掌握商品分类目录编排的内在规律和立目原则。其一为类、章、目、子目的多层次隶属关系及各自覆盖的商品范围；其二为类次、章次及同一级税目、同一级子目等同层次商品品类的范围、区别及联系；其三为我国增设子目与我国现行产业政策和关税政策的关系，以利于准确理解我国增设子目条文的含义。

第三，透彻理解归类总规则和税则注释，按照法定归类程序，运用法定归类依据对通关商品进行税则归类。

2. 海关统计

海关统计是全面、准确地反映实际进出关境对外贸易货物的品种、数量或重量等的数据资料，是发展国民经济的重要参考依据。现行海关统计采用的海关统计商品目录与海关税则结构基本相同。为适应海关统计的需要，计量单位栏取代了税率栏，品目（四位数级编码）及商品编号（八位数级编码）取代税则号列，为简化归类还增设了第22类第98章。新增类标题、章标题均为特殊交易品及未分类商品，该类、章只限单项记录商品价值在人民币2000元及以下的非税、非证未分类的进口商品。其余各类、章、目的内容与税则完全一致，海关统计商品归类原则和方法也与税则归类完全相同。

复习思考题

一、名词解释

1．货物编码　　2．代码　　3．条码

二、判断题

1．层次编码法是在货物线分类法的基础上编制出来的。（ ）

2．在货物的编码方法中最常用的是平行编码法。（ ）

3．进入美国和加拿大市场的商品货物只能使用UPC条码。（ ）

4．进入国际市场的商品必须使用UPC条码。（ ）

5．EAN条码的结构分成四部分，其中的前缀码表示的是国别。（ ）

6．6928627382136，该条码属于EAN-13条码。（ ）

7．国际物品编码协会分配给中国的代码是690～692。（ ）

三、思考题

1．常见的数字型编码的编制方法有哪些？

2．比较EAN条码与UPC条码。

3．举例说明EAN-13条码与UPC-12条码的结构差异。

第三节　商品（货物）目录与分类体系

一、商品（货物）目录

商品目录是指国家或部门所经营管理的商品总明细分类目录。在编制商品目录时，首先要将商品依据一定的标志进行定组分类，所以商品目录又叫商品分类目录。也可称为粗的商品分类体系。编制商品目录的工作，也属于商品分类。

商品目录是商品分类的具体表现，只有根据商品科学分类编制的商品目录，才能使各类商品眉目清楚，有利于商品经济管理的科学化、现代化。由于编制商品目录的目的、业务内容不同，商品目录的种类有很多。根据商品目录编制单位及执行范围的不同，商品目录可归纳为国家商品目录、部门商品目录、企业或单位商品目录三大类。

二、国内外主要商品分类体系和商品目录

（一）国家标准商品分类体系

为适应现代化经济管理的需要，以国家标准形式对商品、产品、物资进行科学的、系统的分类编码，称为国家标准商品分类。国家标准商品分类的主要目的是：便于国民经济计划、统计及各项业务活动；有利于实行商品分类编码标准化；有助于建立现代化的、统一的商品信息系统，以实现经济管理现代化，提高经济管理水平。我国在1987年发布和实施了商品分类国家标准GB7635-87《全国工农业产品（商品、物资）分类与代码》。该商品分类编码体系是国民经济统一核算和国家经济信息系统的重要基础，各部门、各地区在进行计划、统计、会计、业务等工作时，必须按本标准及有关使用要求整理上报材料，以保证信息交流和资源共享。

GB7635-87《全国工农业产品（商品、物资）分类与代码》是按照工农业产品（商品、物资）的基本属性分类，并适当兼顾部门管理的需要，把全国生产的所有工农业产品、商品、物资，划分为99大类（其中，有12个大类留空，供增补用）、1000多个中类、7000多个小类，总计36万多个品种，并为各部门延拓和细分的需要留有余地。为便于检索，本分类体系设置了门类。门类和大类的划分如下：

A、农、林、牧、渔业产品
- 01 农业产品
- 02 林业产品
- 03 人工饲养动物、捕猎野生动物及产品
- 04 渔业产品
- 05 观赏植物
- 06 其他农、林、牧、渔业产品

B、矿产品及竹木采伐产品
- 07 煤、石油和天然气
- 08 黑色金属矿采选产品
- 09 有色金属矿采选产品
- 10 非金属矿采选产品
- 11 木、竹采伐产品

C、电力、蒸汽供热量、煤气（天然气除外）和水
- 12 电力、蒸汽供热量、煤气（天然气除外）和水

D、加工食品、饮料、烟草加工品、饲料
- 13 加工食品
- 14 饮料
- 15 烟草加工品
- 16 饲料

E、纺织品、针织品、服装及缝纫品、鞋帽、皮革、毛皮及其制品
- 18 纺织用纤维加工品
- 19 纺织品

20 针织品
21 服装及其他缝纫制品
22 鞋帽
23 皮革、毛皮及其制品
F、木材、竹、藤、棕、草制品及其家具
24 木材、竹、藤、棕、草制品及其家具
25 家具
G、纸浆、纸和纸制品、印刷品、文教体育用品
26 纸浆、纸和纸制品
27 印刷品
28 文教体育用品
H、石油制品、焦碳及煤制品
29 石油制品
30 焦碳及煤制品
J、化工产品
31 无机化工产品
32 化学肥料
33 化学农药
34 有机化学品及涂、颜、染料，催化剂、助剂、添加剂和黏合剂
35 高分子聚合物
36 信息用化学品
37 化学试剂
38 日用化工品
39 其他化工产品
K、医药
40 化学原料药
41 化学药制剂
42 中草药
43 中成药
44 畜用药
45 生物制品
L、橡胶制品及塑料制品
46 橡胶制品
47 塑料制品
M、建筑材料及其他非金属矿物制品
48 建筑材料及其他非金属矿物制品
N、黑色金属冶炼及其压延产品
49 钢铁冶炼产品
50 钢材

51 其他黑色金属冶炼及其压延产品
P、有色金属冶炼及其压延产品
52 有色金属冶炼产品
53 有色金属压延加工产品
Q、金属制品
55 金属结构及其构件
56 工具
57 金属丝及其制品
58 建筑用金属制品
59 搪瓷制品及日用金属制品
60 其他金属制品
R、普通机械
61 锅炉及原动力
62 金属加工机械
63 通用设备
64 铸锻件及通用零部件
65 工业专用设备
66 农、林、牧、渔业机械
67 建筑工程机械和钻探机械
68 医疗器械
69 其他机械产品
S、交通运输设备
72 铁路运输设备
73 公路运输设备及工矿车辆
74 船舶及其辅机、飞行器
T、电器机械及其器材
75 电机
76 输变电设备
77 电工器材
78 家用电器
79 其他电器装置和设备
U、电子产品及其通讯设备
80 雷达和无线电导航设备
81 通讯设备
82 广播电视设备
83 电子计算机及其外部设备
84 电子元件
85 电子器件
V、仪器仪表、计量标准器具及量具、衡器

87 仪器仪表

88 标准器具及量具、衡器

W、工艺美术品、古玩及珍藏品

90 工艺美术品

91 古玩及珍藏品

X、废旧物资

92 废旧物资

Z、其他产品（商品、物资）

99 其他产品（商品、物资）

本分类体系采用线分类法，将每个大类商品划分为四个层次，每层次可容纳 99 个类目。

（二）商品贸易分类

为满足贸易工作提出的某些要求而进行的各种商品分类，统称为商品贸易分类。贸易分类的主要目的是：便于贸易部门进行业务活动，有助于研究商品流通领域的问题；加快商品信息和经济信息的传递，提高经营管理水平。按照分类对象所包括的范围，商品贸易分类可分为国内贸易商品分类、对外贸易商品分类和国际贸易商品分类。

1. 国内贸易商品分类

为便于商业部门组织和进行商品购、销、调、存以及商业计划、统计、会计等业务活动，需要对国内贸易商品进行科学分类，并根据不同要求和业务特点的需要编制商品目录。例如，为满足商品销售需要的商品经营目录；为满足储运部门需要的储运商品目录；为各级领导、商业部门了解情况和制定政策、编制和检查计划、促进生产、安排市场和指导业务提供资料的商品统计目录等。其中，各级商业部门填报的商品统计目录，主要依据商品用途，将商业部门经营的商品分为 23 大类，100 多个主要品种，见表 1-4。

表 1-4 商业部门统计商品目录分类

顺序号	名称	顺序号	名称
1	肉食禽蛋类	13	纺织品类
2	耕畜类	14	棉花类
3	其他类	15	蚕丝类
4	糖业、糕点类	16	针棉织品类
5	卷烟类	17	百货类
6	酒类	18	文化用品类
7	鲜菜类	19	其他类
8	干菜及调味品类	20	五金类
9	盐类	21	交电类
10	茶叶类	22	家用电器类
11	水产类	23	化工类
12	干鲜果类		

国内贸易商品分类，应在国家标准分类的基础上进行编制，其分类原则不得违背国家标准商品分类的类组划分，其类组代码和行业代码也必须与国家标准相一致。但商业部门可根据

自己的业务特点，适应本单位工作的要求，对国家标准分类中的商品类组进行延拓和细分。

2. 对外贸易商品分类

随着我国对外贸易的发展，在进出口业务、海关管理、外贸统计、国际商情分析、市场及关税研究、利用普惠制度扩大出口等方面的活动，均涉及到国际贸易商品分类问题，因此需要根据国际商品分类制度编制我国的对外贸易商品分类目录和分类体系。我国已制定和颁布实施了《对外贸易出口业务统一商品目录》、《中华人民共和国海关进出口税则》、《中华人民共和国海关统计商品目录》和《商检机构实施检验的进出口商品种类表》。

（1）《对外贸易出口业务统一商品目录》

1954 年由国家统计局颁布的《中华人民共和国对外贸易统一商品目录》，经过 30 多年的实践和几次修订，形成了适于外贸计划、统计、财会通用的《对外贸易出口业务统一商品目录（1986）》。该目录主要根据商品的属性及用途，参照《联合国国际性标准分类目录》，并适当照顾外贸专业公司的经营分工，将外贸经营商品分为农副产品、纺织品、轻工业品、五金矿产品、化工医药品、机械设备和其他七大部分，共 38 类，采用 4 位数字编码，4 层次代码结构（见表 1-5）。

表 1-5　《对外贸易出口业务统一商品目录》各类名目

顺序号	名目	起讫编码
第一部分	**农副产品**	
第 01 类	粮油	0101～0199
第 02 类	食品	0201～0299
第 03 类	饲料	0301～0302
第 04 类	茶叶、咖啡、可可	0401～0499
第 05 类	香调料及香精油	0501～0599
第 06 类	烟类	0601～0699
第 07 类	工业用土产原料	0701～0799
第 08 类	山货	0801～0899
第 09 类	畜产品	0901～0999
第 10 类	木材	1001～1009
第 11 类	中药材	1101～1103
第 12 类	种子种畜	1201～1202
第 13 类	纺织纤维及废棉	1301～1399
第二部分	**纺织品**	
第 14 类	纺织品	1401～1499
第 15 类	丝织品	1501～1599
第 16 类	服装	1601～1699
第 17 类	抽纱	1701～1799
第 18 类	地毯	1801～1899

续表

顺序号	名目	起讫编码
第三部分	**轻工业品**	
第 19 类	轻工业品	1901～1999
第 20 类	陶瓷品	2001～2021
第 21 类	工艺品	2101～2199
第四部分	**五金矿产品**	
第 22 类	黑色金属	2201～2299
第 23 类	有色金属	2301～2399
第 24 类	非金属矿产品	2401～2499
第 25 类	煤炭	2501～2599
第 26 类		2601～2699
第五部分	**石油类**	
第 27 类	化工医药品	2701～2799
第 28 类	化工类	2801～2899
第 29 类	橡胶及其制品	2901～2999
第六部分	**医药**	
第 30 类	机械产品	3001～3099
第 31 类	运输工具	3101～3199
第 32 类	机械及设备工农具	3201～3299
第 33 类	仪器仪表	
第七部分	**其他未分类商品**	
第 40 类	图书	3301～3399
第 49 类	军品	4901～4999
第 89 类	其他未分类商品	
第 90 类	来料加工装配	
第 91 类	补偿贸易	

《对外贸易出口业务统一商品目录》适用于全国对外贸易行政主管机关、各级进出口公司和外贸公司，包括有经营进出口权的厂矿企业。

（2）《中华人民共和国海关进出口税则》和《中华人民共和国海关统计商品目录》

中华人民共和国海关总署以目前国际上广泛采用的《商品名称及编码协调制度》（简称HS）为基础，结合我国实际进出口货物情况编制而成的《中华人民共和国海关进出口税则》和《中华人民共和国海关统计商品目录》自 1992 年 1 月 1 日起实施。该税则和目录按照 HS 的归类原则和方法，把我国进出口商品划分为 21 类（见表 1-6），97 章、6000 多项税目或品目，采用 8 位数字商品编码，前 6 位数码及其商品名称与 HS 完全一致，第 7、8 位数码是根据我国关税、统计和贸易管理的需要增设的。进出口货物的收、发货人或其代理人报关时，必须在报关单上填报 8 位数字的商品编号或税则号以及目录规定的计量单位。

表 1-6　《中华人民共和国海关进出口税则》和《中华人民共和国海关统计商品目录》各类名目

类号	名目
第 01 类	活动物；动物产品
第 02 类	植物产品
第 03 类	动、植物油脂及其分解产品；精制的食用油脂；动、植物蜡
第 04 类	食品；饮料、酒及醋；烟草、烟草制品及烟草代用品的制品
第 05 类	矿产品
第 06 类	化学工业及相关工业的产品
第 07 类	塑料及其制品；橡胶及其制品
第 08 类	生皮、皮革、毛皮及其制品；鞍具及挽具；旅行用品、手提包及类似容器；动物肠线（蚕胶丝除外）制品
第 09 类	木及木制品；木炭；软木及软木制品；稻草、秸秆、针茅或其他编结材料制品；篮筐及柳条编结品
第 10 类	木浆及其他纤维状纤维素浆；回收（废碎）纸或纸板；纸、纸板及其制品
第 11 类	纺织原料及纺织品
第 12 类	鞋、帽、伞、杖、鞭及其零件；已加工的羽毛及其制品；人造花；人发制品
第 13 类	石料、石膏、水泥、石棉、云母及类似材料的制品；陶瓷产品；玻璃及其制品
第 14 类	天然或养殖珍珠、宝石或半宝石、贵金属、包贵金属及其制品；仿首饰；硬币
第 15 类	贱金属及其制品
第 16 类	机器、机械器具、电气设备及其零件；录音机及放声机；电视图像、声音的录制和重放设备及其零件、附件
第 17 类	车辆、航空器、船舶及有关运输设备
第 18 类	光学、照相、电影、计量、检验、医疗或外科用仪器及设备、精密仪器及设备；钟表；乐器；上述物品的零件、附件
第 19 类	武器、弹药及其零件、附件
第 20 类	杂项制品
第 21 类	艺术品、收藏物及古玩

（3）《商检机构实施检验的进出口商品种类表》

为适应对外贸易发展的需要，加强对实施法定检验的进出口商品的管理，中华人民共和国国家进出口商品检验局于 1991 年实施了重新修订的《商检机构实施检验的进出口商品种类表》（简称《种类法》）。该《种类表》包括两部分内容：

①第一部分

第一部分由商检序号（Serial No.）、《商品名称及编码协调制度》的编码（HS Code）、《海关合作理事会商品分类目录》的编码（CCCN Heding No.）、联合国《国际贸易标准分类目录》的编码（SITC Item No.）、《对外贸易进出口业务统一商品目录》的编码（MFERT Code）、中英文对照商品名称和计量单位等七个栏目组成。

②第二部分

第二部分是按照商品目录制定的商检内部管理要求，由监管方式、检验签证周期、检验有效期、证书限制、检验标准代号等五个栏目组成。全部内容都编成了应用软件，为现代化管理奠定了基础。

《种类表》按照 HS 的分类原则和方法，将进口商品分为 17 大类、303 个品种，出口商品分为 17 大类、589 个品种，共计 892 种商品。

3. 国际贸易商品分类

在国际贸易中，由于各国的海关税则及贸易统计商品分类在商品名称、商品编码、项目编排、分类原则等方面存在差异，给贸易活动和经济对比带来许多困难。因此，世界各国间的贸易活动，各国在海关管理、征收关税、市场及关税研究、贸易经济、贸易管理、商情研究、进出口业务、制定贸易政策等方面，都需要有一个统一的国际贸易商品分类体系。目前，在国际上认可和广泛采用的国际贸易商品分类体系有以下三个：《国际贸易标准分类目录》、《海关合作理事会商品分类目录》和《商品名称及编码协调制度》。

（1）《国际贸易标准分类目录》

为便于统计世界经济，促进国际贸易，使海关手续合理化，联合国于 1950 年制定了《国际贸易标准分类目录》，简称 SITC，并推荐各国采用这个国际统一的商品分类体系，发表本国的贸易数据。

该分类体系主要依据商品原料、性质、加工阶段和工业来源，将国际贸易的所有商品划分为 10 类（见表 1-7）、63 章、233 组、786 分组，并细化为项目和子目；采用 4 位数字编码即每个分组编一个 4 位数字代码，每位数字表示分类的一个层级。

表 1-7 《国际贸易标准分类目录》

类码	名目
0	食品和主要供食用的活动物
1	饮料及烟草
2	非食用原料（燃料除外）
3	矿物燃料、润滑油及有关原料
4	动植物油脂及蜡
5	化学品及有关产品
6	按原料分类的制成品
7	机械和运输设备
8	杂项制品
9	其他商品

（2）《海关合作理事会商品分类目录》

海关合作理事会于 1950 年制定的《海关合作理事会商品分类目录》（简称 CCCN，也叫布鲁塞尔关税目录），主要用于海关税则的商品分类，约有 150 个国家和地区采用，其中多数国家用作对外贸易商品分类目录。

《海关合作理事会商品分类目录》按照商品的原料、性质、加工程度和用途等，把所有国际贸易商品划分为 21 类，99 章、1097 项税目，每项税目又分成若干项目和子项。该分类体系采用4位数字编码、即每项税目编一个4位数字代码，前两位表示税目所属的章号，后两位数字表示税目在本章内排列的顺序号。

(3)《商品名称及编码协调制度》(具体内容在本章前面部分已述)

(三)国际危险货物分类

在商品法规、商标法规、运输法规等法规中，也需要对商品进行科学分类，以保证法规的顺利执行。为了对海上运输物资进行国际管理，国际海事组织(IMO)海上安全委员会于1965年制定了《国际海上危险货物运输规则》(IMDG Code)。世界各国运输的危险货物及其包装都必须履行这个国际统一的管理规则，我国于1985年参照本规则制定和实施了《海运出口危险货物包装检验管理办法》。《国际海上危险货物运输规则》中，根据危险货物的性质和危险程度，把危险货物划分为9类(见表1-8)，共计2500多种。每种危险货物都列出了品名、联合国编号、化学分子式、类别、爆炸极限、闪点、特性、标志、包装、储运要求等。

表1-8 国际海上危险货物分类

类码	名目
第1类	爆炸品
第2类	压缩、液化或加压溶解的气体
第3类	易燃液体
第4类	易燃固体或物质
第5类	氧化剂和有机过氧化物
第6类	有毒的物质或有感染性的物质
第7类	放射形物质
第8类	腐蚀性物质
第9类	杂类危险物质

复习思考题

1. 贸易分类的意义是什么？
2. 商品目录、商品分类和商品编码之间的关系如何？
3. 《国际海上危险货物运输规则》将危险品分成了哪几类？

第四节 水运中常用的货物分类

随着我国工农业生产和对外贸易的迅速发展，水运中的货物种类繁多、包装性质各异，为了保护货物，便于运输、保管、装卸，对货物进行分类是极为重要的。水运中常见的货物分类有很多，一般可以采用以下几种。

一、按照货物的装运方式分

(一)散装货物(Bulk Cargo)

又称为散货。一般运量大，种类较少，没有包装、标志，以重量承运，不易计算件数，通常以散装方式运输。常见的有煤炭、矿石、原油、粮食等货种，如图 1-3 所示。

图 1-3 常见的散装货物

（二）件装货物

又称为件杂货物，简称杂货、件货。一般有包装、标志，以重量和件数承运，批量较小、票数种类较多。包装、形态、性质差异非常大。这类货种极为广泛，因为性质差异很大，所以对选舱、忌装以及配积载的要求都非常严格，因此必须熟练掌握常见的件杂货物的性质特点。

件杂货物按照有无包装可以分为包装货物和裸装货物两种，如图 1-4 所示。

图 1-4 常见的包装与裸装货物

（1）包装货物（Package Cargo）是指装入各种包装容器内进行运输的货物。常见的有箱装、桶装、袋装、捆包类货物等。

（2）裸装货物（Nude Cargo）是指运输中不加包装（或简易捆束），而在形态上却自成件数的货物，如汽车、卷钢、盘圆、木材等。

（三）成组装货物（Unitized Cargo）

是指将若干件个体或个别的包装物货物集合放在一起，组合成为一个个独立的单元进行运输、保管和装卸的货物。常见的成组装形式有托盘货物、网络货物、集装袋货物、集装箱货物四种。

1. 拖盘货物（Palletizen Cargo）

是指将货物放在特制的托盘上组成的独立的运输单元，如图 1-5 所示。托盘的体积一般不低于 1 立方米，重量一般在 0.5～2t 之间。

托盘货物兼有整体装卸、堆码、运输、保管等功能，可以节约包装费用、合理利用货舱容积，并且大大提高了装卸效率，加速了货物周转。因此在货物流通和仓储环节有较大的使用空间。

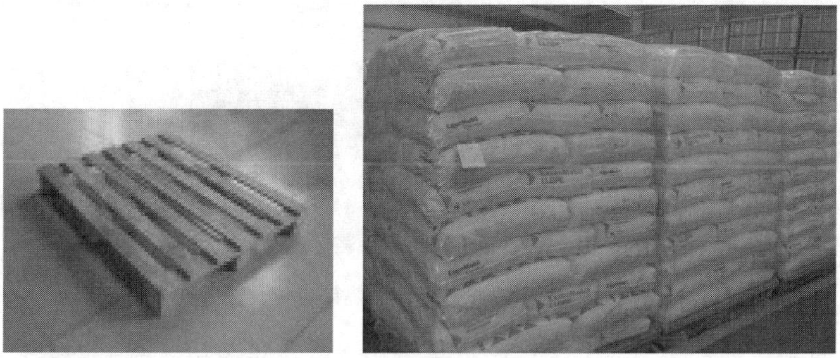

图 1-5　常见的托盘与托盘货物

2. 网络货物（Net For Unitized Cargo）

是指装在用绳索等柔性材料编制成的网络里集中运输、装卸和堆码、保管的货物。常见的有件杂货物和散装货物，如生铁、铜块、袋装粮谷等。网络上一般有环状吊系，省去了一次性捆绑的小绳，可大大降低袋装货物吊运费用，提高了工作效率，加快了货物周转，并且更加安全有效。

3. 集装袋货物（Container Bag Cargo）

集装袋是采用合成纤维材料、复合材料以及塑料材料等编制成的圆形或方形的抽口式的大口袋，其顶部或侧面、底部有吊环，可方便机械设备起吊，如图 1-6 所示。

图 1-6　常见的集装袋货物

集装袋的容积一般在 500～2300l 之间，载重量在 0.5～3t 之间，可以对散装货物或小包装货物进行集合包装，尤其适宜化工、水泥、粮谷、矿产品等粉末、颗粒晶体状货物的成组装，可以大大提高装卸和运输效率，并减少货损货差。所以集装袋的出现被认为是“粉末颗粒状货物的一次革命”。

4. 集装箱货物（Container Cargo）

所谓集装箱，是指具有一定强度、刚度和规格专供周转使用的大型装货容器。使用集装箱转运货物，可直接在发货人的仓库装货，运到收货人的仓库卸货，中途更换车、船时，无须将货物从箱内取出换装，如图 1-7 所示。

图 1-7　常见的集装箱货物

按集装箱所装货物种类可以分为：杂货集装箱、散货集装箱、液体货集装箱等。

按集装箱用途可以分为：通用集装箱和专用集装箱两种。

按集装箱大小可以分为：大型箱（20t 以上）、中型箱（5～20t）和小型箱（5t 以下）。

集装箱运输是指将一定数量的单件或散装货物，装进集装箱内进行运输，是以集装箱作为运输单位进行货物运输的一种现代化的运输方式。集装箱运输装箱时能装满整箱的被称做整箱货，装不满整箱的按拼箱方式运输。

集装箱的容积一般在 $1m^3$ 以上，可容纳 1～40t 的货物，适用于散装货物、件杂货物、包装、裸装等货物。集装箱货物具有节省包装费用；保护货物质量和运输安全，减少货损货差事故；节省运输费用；提高装卸效率 6～50 倍、缩短运输时间；简化货运手续等优势。集装箱的不可比拟的优越性，使集装箱在外贸进出口货物的运输方式中占据了主导性地位。

其优越性一般表现在：

（1）集装箱运输可以大大提高装卸效率。集装箱货物的装卸因为提高了机械化程度，因此能减轻劳动强度，节约人力；集装箱运输本身就是一种集合运输方式，方便了货物的成组，从而极大地提高了装卸效率；加速了运输工具的周转，缩短了车船的停泊时间，也提高了码头等运输设备的使用效率。

（2）有利于简化手续，方便了货物的理货和交接，从而减少了差错，提高了效率。有利于各种运输方式之间的衔接，从而实现多种运输方式间的联运。

（3）有利于节省包装费用、提高货运质量。集装箱本身的牢固性，使得内装货物的包装可以简化甚至取消，因而会极大地节省包装费用，从而提高利润率。同时，集装箱的强度还可以对内装货物起到一定的保护作用，防止货物因受到外力冲击、震动等导致的损失。其良好的密封性能，还可以节省库房面积。

（4）有利于实现“门到门”运输，提高货物运输质量和服务质量。

二、按照货物的清洁程度分

货物按照清洁程度可以分成清洁货物和污秽货物两类。划分清洁与污秽货物的目的是为了更好地进行配积载，以确保货物不会因为性质抵触而出现质量上的残损。

（1）清洁货物（Clean Cargo）是指在运输中不易变质，本身清洁，并且在运输、保管和装卸过程中对其他货物不会造成污染，且本身也不能被污染的货物。例如：纸浆、茶叶、生丝、棉纺织品等。

（2）污秽货物（Dirty Cargo）是指在装卸、运输、保管过程中，由于本身无包装或包装不良，受损时能对其他货物造成污染的货物。

污秽货物还可以按照污秽的成因不同，具体细分为：

①散发异味货：如油漆、化肥、鱼粉、调味料等；

②扬尘货：煤炭、矿石、化肥、水泥等粉末颗粒状的货物；

③易潮解的货物：食糖、食盐、化肥等具有吸湿性且易溶解于水的货物；

④易融化的货物：蜡烛、肥皂、化妆品中的香脂等熔点低的货物；

⑤易渗漏的货物：液体化工油类、桐油、酒、植物油等液体货物；

⑥易渗油的货物：小五金、豆粕等含油量较高的固态或颗粒类的货物；

⑦带虫害病毒的货物：生皮、活的猪、牛、羊、树木、花草等有生动植物货物。

三、按照装运时有没有特殊要求分

（1）普通货物（General Cargo）是指除特殊货物以外的，在装运时没有特殊要求的货物。

（2）特殊货物（Special Cargo）是指由于货物本身的性质、体积、重量、价值等方面与一般的货物不一样，需要在运输时采取特殊的措施与方法的货物。包括：

①危险货物（Dangerous Cargo）是指凡是具有燃烧、爆炸、腐蚀、放射、毒害等危险性质，在运输过程中容易导致财产毁损和人身伤亡的货物。如汽油、农药、黄磷、强的无机酸与碱等。

②贵重货物是指本身价值很高的货物。如金银器皿首饰、名贵药材、古董字画、历史文物等。

③涉外货物是指外交用品，如外国驻华使馆、团体和个人的物品，以及国际礼品、展览品等物资的统称。

④笨重长大货物，又叫重大件货物，是指单件重量、体积超过一定标准，以致在运输、保管和装卸过程中不能采用一般的方法与设备的货物。如大型的金属制品、运输机械、化工设备等，为了方便搬运、装卸，可采用滚装滚卸的方式。

⑤易腐货物，又称鲜活货物，是在常温下运输容易腐烂变质的货物。常见的有新鲜的鱼、肉、蛋、水果、蔬菜等食品类货物。

⑥冷藏货物是指在常温运输容易腐烂变质，因此采用常温以下的温度进行运输的易腐货物。如冻鱼、冻肉、保鲜储存的水果、蔬菜、鸡蛋类等货物。常见的冷藏运输方式有冷藏集装箱、冷藏舱或冷藏船。

⑦有生动植物货物，又称活的货物，是指在运输中，需要不断的照料以维持其生命不至于死亡的动植物货物。如活猪、活羊、树苗、花卉等。

⑧拖带运输货物是指不便于装载在船上，较适宜经编扎在水上拖带运输的货物。多是不怕水，并能在水上漂浮的货物类，如竹筏、木排、船坞等。

四、按照货物的装船场所分

1. 舱内货物（Hold Cargo）

是指装入舱内进行运输的货物。适合装运清洁的、怕湿的、怕晒的货物。如食糖、棉花、茶叶等。

2. 舱面货物（Deck Cargo）

又叫甲板货物，是指装载在船舶没有遮蔽的甲板上的货物。适合装运不怕水湿、日晒、雨淋的货物。如原木、藤及其制品、经货主同意的有生动植物货物等。

3. 舱底货物（Bottom Cargo）

又称压载货物，是指装载在船舱底进行运输的货物。一般是比重大或者有污染性且不怕压不怕潮的货物。如钢材、桐油、矿石等。

4. 深舱货物（Deep Tank Cargo）

是指装入船舶吃水最深的舱内进行运输的货物。一般为液体货物、污秽货物。如石油、矿石等。

5. 房间货物（Locker Cargo）

是指装入保险房间或其他小舱室的货物。如贵重货物、涉外货物、邮件等。

6. 冷藏舱货物（Refrigerated Cargo）

是指装入冷藏舱内进行运输的货物。如易腐货物、冷藏货物等。

五、按照货物的自然属性分

1. 吸湿性货物与散湿性货物

是指会受到环境湿度变化而吸收或散发水蒸气的货物，吸湿后的货物有的会出现发霉、变质、腐烂，有的会发生潮解、溶化、锈蚀等质量下降和数量减少的现象，如棉纺织品、天然橡胶、茶叶、食盐；有的货物散湿后会出现枯萎、干裂、变形、结块等货损现象，如新鲜水果、木材、化肥等。

2. 吸味性货物与散味性货物

是指容易吸附空气中的异味或散发异味的货物。如食品类、贵重货物类；油漆、化肥、生皮、烟丝烟叶等。

3. 腐蚀性货物与锈蚀性货物

是指容易使得某些货物表面被破坏或因与酸碱类等物质接触而出现表面被破坏现象的货物。如化肥、食盐、纯碱；金属及其制品等。

4. 危险性货物

是指具有燃烧、爆炸、腐蚀、毒害、放射性等危险性质，在运输、保管和装卸过程中容易引发船毁人亡等恶性事故的货物。如强酸、农药、石油及其制品、过氧化钠、氰化钾、双氧水等。

5. 扬尘性货物与染尘性货物

是指容易飞扬灰尘的粉末颗粒、晶体状的货物和容易因沾染较多粉尘、灰尘而降低数量或质量的货物。如煤炭、矿石、石墨、滑石粉、磷矿粉等粉末类货物；棉花等纤维类货物、液体货物、食品类货物等。

6. 自热性货物与自燃性货物

是指货物在堆存保管和运输的过程中，不需要外界热源加热的条件下，即可以自行发热和燃烧的货物。如鱼粉、煤炭、矿石、沾有易氧化物的棉花、粮谷等。

7. 结块性

是指货物在运输、保管和装卸的过程中，因受到环境温湿度变化或外力作用后容易结成大块，对装卸造成困难或导致包装破裂的货物。如煤炭、食糖、化肥、水泥等粉末晶体状的货物；液体西药、墨水等液体货物。

六、按照货物的运输批量分

1. 零星货物（Parcel Lot Cargo）

又称为零担货物，是指批量较小的货物，一般指批量小于30t。通常采用班轮运输方式，件杂货物运输多属于这种情况。班轮运输具有固定的船期、固定的航线、固定的停靠港口和相对固定的运费率的“四固定”特点。

2. 整批货物（Homogeneous Cargo）

又称大宗货物。是指数量多、批量大的货物，一般指批量大于30t的货物。一般采用整船运输方式。常见的散装货物多属于这种情况。如煤炭、矿石、原油等。

复习思考题

一、名词解释

1．危险货物　　2．特殊货物　　3．重大件货物

二、填空题

1．常见的集合运输方式有________、________、________、________。

2．货物按照批量大小可以分成________、________两种。

3．________运输方式被认为是粉末颗粒状货物运输方式的一次革命。

三、选择题

1．下列属于危险货物的是（　　）。

A．石油　　B．动植物油　　C．粮食　　D．新鲜水果

2．下列属于污秽货物的是（　　）

A．棉花　　B．茶叶　　C．干香菇　　D．食盐

3．下列属于特殊货物的有（　　）。

A．古玩字画　　B．活的猪牛　　C．石油　　D．大米

4．下列（　　）运输方式最适宜粉末状货物的成组装。

A．托盘　　B．网络　　C．集装袋　　D．集装箱

5．下列适合放在甲板上运输的货物有（　　）。

A．纺织品　　B．食糖　　C．天然橡胶　　D．金属制品

6．下列适合在舱内运输的货物有（　　）。

A．原木　　B．贵重货物　　C．茶叶　　D．棉花

7．纸浆适宜的积载舱位是（　　）。

A．舱面　　B．舱内　　C．深舱　　D．冷藏舱

8．大宗与零星货物的划分标准是（　　）吨。

A．10　　B．20　　C．30　　D．40

9．下列属于班轮运输特点的有（　　）。

A．固定的船期　　B．固定的航线

C．相对固定的运费率　　D．固定的停靠港口

四、思考题

1．按照装运方式货物可以分成哪几类？

2．按照货物的性质如何选择合理的装船场所？

3．货物按照清洁程度可以分成哪几类？请分别举例说明。

4．集装箱运输的优越性体现在哪些方面？

第二章　货物的质量与质量管理

第一节　货物的质量与质量变化

一、质量的概念

根据国际标准化组织的定义，“质量是指反映实体满足明确和隐含需要的能力的特征与特性的总和”。这里的实体可以是单独描述的事物或个体，也可以是活动、产品、组织、体系、系统、方法或人，以及上述各项目的任何组合。“明确需要”可以理解为有关法规、标准或是买卖双方等方面有明确规定的要求，如可靠性、安全性和互换性等。“隐含需要”可以理解为排除明确需要后的，没有明确规定的要求。“特性”则是指该实体所特有的、有别于其他实体的性质，例如：可以量化的质量、数量、强度、酸碱度、营养指标、安全指标；非量化的外观、颜色、亮度、安全性和舒适性等。

可见，质量的范围非常得广泛，既包括商品质量，又包括工程质量，还包括作业质量、施工和服务质量等；质量的内容也是纷繁复杂的，既包括货物实体的内在质量和外在质量，又包括包装质量等。

商品（货物）是“实体”的一个组成部分，商品质量既应该包括质量概念的共性，又应该具有商品的个性。所谓商品质量，是指商品能满足和适应需要能力的特征的综合。

商品（货物）质量的概念包含下述内容：商品（货物）质量的基本要求，商品（货物）性能必须符合特定目的的用途，即商品（货物）的性能必须和商品的用途相一致；商品（货物）质量的基本内容，是商品（货物）自然属性、社会属性、市场属性和经济属性等的综合；商品（货物）质量的服务对象，必须以顾客、最终的消费者或服务对象的最终满意为目标。因此，广义的商品（货物）质量的内容可以概括为：内在质量、外在质量、包装质量和市场质量。

对于港口与航运企业而言，质量的“特性”就是指所提供的服务能否满足货主或托运方的需要，要求不断提高服务质量，能够安全、经济、优质、快速、方便、高效地提供运输、装卸、保管、分装等服务，以保证货物的质量与数量安全，加快货物的周转。

二、货物的性质

货物在整个的运输、保管、装卸中能否安全、及时、高效，航运企业、港口应该采取什么样的措施提高服务质量，取决于不同货物的性质差异。货物在运输、储存和保管的过程中，由于本身的特点，以及环境等因素的影响，会发生各种各样的变化，进而表现为不同的现象。将其共性加以归纳，通常货物具有下列基本特性：吸湿性、冻结与热变性、锈蚀性、脆弱性、自热性、自燃性、危险性、污秽、散味与污染性、货物互抵性等。归纳起来有物理变化、化学变化、机械变化和微生物活动等引起的生物变化。货物的这些变化归根结底是各自性质的主要体现。所以研究货物的性质与变化，会更好地掌握货物质量变化的内在与外在原因、变化后果及影响因素，能更加有针对性地采取有效措施，防止货损货差的出现，减少损失。

（一）物理变化（或物理性质）

物理变化是与化学变化相对应的一个概念。是指不改变物质的本质，只是形态与状态上的改变（多为物质三态的相互转变），并且有可能反复进行的质量变化现象，在变化的过程中没有新的物质生成。物理变化的结果会使货物的质量下降，或者是数量减少，使用价值降低，有时候甚至丧失使用价值，有些变化还会对其他的货物及环境产生不良影响。常见的有吸湿、散湿、吸味、散味、串味、潮解、融化、溶化等物理变化与性质。

1. 吸湿性与散湿性

货物体内都有一定量的水分，保证货物质量的正常的含水量就是货物的安全水分。安全水分是货物可以安全储存与保管的正常含水量。货物体内的水分如果低于或超过了安全水分，货物就会出现干裂变形、枯萎变蔫或腐烂变质、潮解溶化等数量减少和质量下降的现象。

货物吸湿与散湿性的强弱取决于货物本身与环境的湿度条件。货物本身的成分和结构是影响货物吸湿与散湿的一个内在原因，比如货物的成分中含有亲水基团（如蛋白质、糖、果胶成分等）、结构疏松多孔（如棉花、茶叶等）；另一个原因是空气中水蒸汽的含量和水汽压的大小，具体的说也就是空气的潮湿程度。

2. 吸味性、散味性与串味性

吸味性是指货物在有其他味道的环境中或者与有其他味道的货同舱积载，会感染异味的货物。如食品类、纺织品类、贵重类货物等。散味性的货物是指本身味道浓郁或刺激的货物。如化肥、鱼粉、调味料、中药材、油漆等。串味性是指不同气味的货物堆放在同一舱室或库场等同一空间或彼此空气可以流通的不同空间时，会彼此相互影响，从而降低货物质量的性质。如调味品类与带有强烈异味的货物堆放在一起。

货物的吸味与串味同货物本身的特点有关系。含有胶体成分、结构疏松多孔的容易感染异味；同时，也跟环境的异味浓度、与散味货物之间的距离、接触面积的大小、接触时间的长短等都有关系。要防止货物吸味或串味，首先应包装严密，标志的制作要符合要求，注意堆存和运输场所的环境卫生，在积载时与有异味的货物隔离堆放，保管中注意通风等。

3. 溶化、熔化

溶化是指某些固体或粉末状的货物在储存保管过程中，因为吸收空气中的水分，达到一定程度后会溶化变成液体的现象。如食盐、食糖、尿素、氯化钙、硝酸铵等。溶化后，一方面使得货物的质量下降、数量减少，另一方面，可能会污染别的货物。特别是，有些货物溶化后，在干燥的条件下又会失去水分重新结晶而结块，给装卸搬运带来困难。因此，要加强保管过程中的环境湿度的控制，同时还要合理控制垛型，货垛大利于防潮，但容易结块；货垛小不容易结块，但不利于防潮。

熔化是指某些货物在较高的温度环境下，由于熔点较低，会逐渐变软甚至熔化为液体的现象。如松香、香脂、石蜡、肥皂、药品中的糖衣片等。货物的熔化与货物的熔点低是有直接关系的，同时，还与环境的温度、货垛的压力有关系。所以，在易熔化的货物储存中应控制环境的温度，放在阴凉通风的场所，在船上要选择远离热源和太阳不能直射的地方，同时要合理控制垛型。

4. 污染性

污染性是指某些货物本身具有异味、渗漏、熔化、溶化等污秽性质，能污染其他货物的现象与性质。常见的污染性货物有散味的、扬尘的、渗漏的、感染性的等。为防止货物污染，首先，要对有污染性的货物采取严格的包装，防止污染扩大污染其他的货物；其次，要与怕污染的货物分开存放，减少货物被污染的可能性。对于散味性的货物尤其要注意，不仅要防止易感染异味的货物被污染，如食品类、贵重货物类；还要防止不同气味的货物之间的串味。如调料品与烟叶就不能在同一个空间储存。

5. 挥发性

挥发是指某些液体货物或经液化的气体在较高的温度条件下会逐渐气化成为气体的过程。如酒精、石油及其产品、香水等。挥发的结果，是使货物的质量和数量减少，有些时候还会挥发出危险气体，进而有可能引发危险事故。例如：汽油挥发后，产生汽油蒸汽遇到明火会引起燃烧或爆炸等恶性事故。

货物的挥发性强弱与货物本身的沸点、货物的表面积、空气的流动速度、环境的温度等有直接的关系。要降低货物的挥发，可以采取严密的包装、控制环境温度等方法，在炎热的夏季，必要时要采取防暑降温措施，保持在较低的温度条件下运输和储存，以防止挥发加剧。

6. 干缩裂

干缩裂是指木材、竹等及其制品，在环境温湿度不适宜的条件下，常会出现的开裂、变形等变化。木材及其制品等对环境的温湿度的要求较高，在潮湿高温的环境下，木材会湿涨、腐朽变色，在干燥高温的条件下，木材会变形开裂，因此要保证适宜的温度和湿度环境，以使木材等的含水量控制在标准的范围内。

（二）化学变化（或化学性质）

货物的化学变化，是指货物在发生变化的过程中，不仅限于物质三态的变化，在质上也发生了变化，改变了原有物质，产生了新的物质与成分。货物发生化学变化以后，会彻底改变货物的化学成分和使用价值，更有甚者，会使使用价值完全丧失。常见的化学变化有分解、化合、氧化、老化、聚合、水解等。

1. 分解与化合

分解是指某些不稳定的物质，在外界光、热、电、温度、湿度等的作用下，会产生一种物质变成两种或两种以上物质的现象。货物分解后，不仅使原有货物的质量和数量下降，在反应中还会产生热量，有的还会产生可燃性气体，从而引发危险事故。所以，必须加以控制。例如：双氧水，是一种强氧化剂。在高温或太阳直射的条件下，极不稳定，很容易释放出大量氧气，并产生热量。

$$2H_2O_2=2H_2\uparrow+O_2\uparrow$$

化合是指某些货物在外界环境等因素的影响下，两种或两种以上的物质之间发生相互作用，生成一种新的物质的反应。例如金属及其制品在空气中与氧气发生的氧化反应就是一种化合变化。

$$4Fe+3O_2=2Fe_2O_3$$

2. 氧化与锈蚀

氧化是指物质与空气中的氧或与能放出氧的物质发生的反应，或者虽然不与氧发生作用，但是在反应中有电子的得失的反应。货物发生氧化反应，一方面会减低货物的质量（如橡胶、塑料的老化；茶叶的陈化；煤炭的风化；棉纺织品在日晒条件下的褪色等），另一方面还会导致自热、自燃等危险事故（如燃点较低的黄磷、赛璐珞等，氧化后会释放出热量，而其本身的燃点又比较低，极易发生自燃；油布、油纸等自燃；沾有易氧化物的棉花等的自燃等）。

锈蚀是指金属或金属合金与周围的介质相接触时，相互间发生了化学和电化学反应而使得金属及其制品表面遭到破坏的现象。金属的化学锈蚀也是一类非常典型的氧化还原反应。金属货物发生锈蚀的原因，一方面是金属本身性质不稳定，其成分中存在着自由电子；另一方面是由于环境潮湿或存在氯化氢、二氧化硫等酸性有害气体。

3. 老化

老化是橡胶、塑料、化纤等高分子有机物的通病。高分子有机物在日光、氧气、湿度、高温等能增强活性的因素的作用下，常表现出龟裂、弹性下降、变硬脆或者软化发粘等物理、机械性能下降的老化现象。老化本身是一种氧化变化，是高分子物质的分子与氧气结合后，原有的分子结构被破坏而导致。所有能增加氧活性的因素（如阳光、高温、湿度、氧气浓度或含有化合价不稳定的锰、铜等金属盐类等）都能加速老化的进程。尤其是日光中的紫外线对高分子有机物的破坏作用是最大的。

4. 聚合

聚合是某些货物组成中的化学键在外界条件影响下发生聚合反应，成为聚合体而变性的现象。例如，福尔马林变性，桐油表面结块都是聚合反应的结果。

（三）机械变化（或机械性质）

机械变化是指货物在受到机械外力作用后，所表现出来的货物形态、结构上的改变。水运中，货物受到的常见机械外力主要有：货物堆码过程中产生的堆码压力、货物堆存场所选择不恰当所产生的震动冲击以及货物堆垛不稳而导致的翻倒和跌落等冲击。机械外力对货物产生影响的大小主要取决于货物的性质、状态以及包装强度等方面。机械外力后果一般有破碎、变形、结块、渗漏等。

1. 破碎

破碎是指玻璃、陶瓷等具有脆性的货物，在超负荷的外力作用下所表现出的质量下降现象。易碎货物在运输、保管和装卸过程中，为了防止损坏，必须采取如下措施：首先，要采用坚固的包装，包装内还可以采用适当的衬垫材料进行缓冲；包装外面必须粘贴“易碎”等指示标志；其次，在搬运装卸中要注意轻拿轻放、小心稳妥，避免野蛮作业；堆放的场所应选择在不震动、平整并且不下沉的地方；再次，在码垛过程中要注意按照堆码要求正确操作，做到货垛不能堆放的太高、重货不能堆放在上面，以保证下面的货物不会被堆放在上面的货物压坏；另外，堆垛后还要注意捆绑加固，防止货垛倒塌，以减轻跌落和翻倒冲击对货物造成的损坏。

2. 变形

变形是指塑料、天然橡胶、皮革等具有可塑性的货物在受到外力作用后所表现的形状上的变化。可塑性是指货物受到外力作用后表面发生变形，当撤去外力后不能完全或部分恢复成原来形状的能力。具有可塑性的货物多是一些具有一定弹性的物质，当承受的外力超过了弹性限度所表现出来的性质。货物变形后，一方面会影响货物的质量，另一方面容易使货垛不稳固，容易发生倒垛等现象。

货物的变形除了与外力有关，还与环境的温度有关系，例如：在高温条件下，受到重压久压，塑料、橡胶及其制品等的变形就会表现得更为强烈。所以，易变形的货物除了包装坚固、标志清楚、堆垛符合要求、谨慎作业之外，还要控制储存温度，注意堆型要平整等。

3. 结块

结块是指煤炭、矿石、食盐等粉末晶体状的货物，在重压久压、高温、低温、水湿、干燥等因素的综合影响下所造成的一种变化。货物结块不仅对货物的质量产生影响，而且还会导致包装破裂，使散装货物装卸效率大大降低。例如：卸冻煤。为了防止货物结块，除了堆垛时尽量减少重压久压外，还要合理控制温湿度。例如：煤炭在低温条件下，就要控制湿度，禁止洒水作业。

4. 渗漏

渗漏是液体货物在外力作用下或包装不坚固、灌装不符合要求条件所发生的现象。渗漏，一方面使得货物的数量减少、质量下降，更严重的是如果渗漏的是汽油、酒精等危险品，还容易引发危险事故。

液体货物防渗漏，除了上述几种要注意的事项外，还要注意：封口要严密、灌装时不能太满要留有膨胀余位、高温季节要采取防暑降温措施，垛底除了平整外，还要打扫清洁去除石块、铁屑等硬质残屑，以防止硌破桶。

（四）生物变化（或生物性质）

1. 呼吸作用

呼吸作用是指有生命的货物在运输、保管过程中，不断的进行呼吸，分解体内有机物，产生热量来维持其本身的生命活动的现象。呼吸可以分成有氧呼吸和缺氧呼吸两种。不论是有氧呼吸抑或是缺氧呼吸，都要消耗营养成分，同时产生热量和水分，尤其是有氧呼吸产生的热量是缺氧呼吸的大约 25 倍，如果热量不能及时释放出去，就容易导致货物的发霉变质，如粮食类货物。缺氧呼吸虽然产生的热量没有有氧呼吸多，但会产生酒精，积累过多会导致有机体细胞中毒，造成生理病毒甚至死亡。所以，对于质量要求比较高的植物性有机体应控制其呼吸作用，使其保持微弱的有氧呼吸，维持正常同时又是最低的呼吸作用，利用其自身的生命活性，减少损耗，延长其储存时间。

2. 胚胎发育

胚胎发育主要指鲜蛋在保管过程中，温度、湿度和氧气条件适宜时，胚胎会发育成血丝蛋、血环蛋。其新鲜度和食用价值大大降低。为抑制胚胎发育，应加强温湿度控制，最好是低温储藏或截止供氧的方法进行保管和运输。

3. 微生物的作用

微生物作用是指霉菌、细菌和酵母菌等微生物在适宜的外部环境条件下，吸取营养物质，进行生长、发育、繁殖等一系列的生理生命活动的过程。微生物作用除了消耗营养成分外，还会使得货物发生霉变、腐烂、发酵发热等现象，最终影响货物的质量，甚至使得货物的使用价值彻底丧失，有的还会产生有毒物质进而危害人体的健康。

微生物的生存条件一般是中温（一般在 25℃～35℃），高湿。所以，控制货物的含水量和环境的温湿度，调节氧气的浓度，是防止微生物作用的有效措施。同时，还要保持环境卫生，防止货物感染。

4. 发芽

发芽是指有机货物在适宜条件下，冲破“休眠”状态而萌发的现象。发芽的结果会使有机货物的营养转化为可溶性物质，供应有机体本身的需要，从而降低货物的质量。同时，在发芽的过程中通常伴有发热、发霉等情况，有时还会产生有毒物质，从而增加损耗，降低质量。

因此，对这类货物必须控制它们的水分，并加强温湿度管理和氧气的控制与调节。

5．后熟

后熟是指瓜果、蔬菜等植物性货物，脱离母体后，会在体内酶的催化作用下，由不成熟而逐渐发育成熟的现象。后熟虽然便于货物的储存和运输，但也同样会使得货物发霉、腐烂变质，失去使用价值。

因此，应通过对温度、湿度、氧气浓度等进行控制，来调节和控制后熟作用，以延长货物的保质期和保管期。

6．虫蛀鼠咬

常见的危害货物的仓库害虫有40多种，凡是含有有机成分的货物都可能遭受害虫的侵害，特别是食品类货物。害虫的危害对货物而言是很大的，不仅会破坏货物的组织结构，引起货物发热、霉变、结露，还会排泄代谢废物，影响外观，甚至是食用的卫生质量。有的还会破坏建筑物、传播传染性疾病，如白蚁等。

对虫害比较有效的措施是预防，要坚持“预防为主、防治结合”的措施。对于储存粮谷、食品等类货物的场所，需要彻底的清扫、杀虫灭鼠、消毒、通风除味后，方可储运。此类货物提走后，也应及时对地脚、衬垫材料进行清扫、消毒、通风。

案例：

某年11月3日，我国远洋运输公司的38000吨载重量的某号货轮，从秘鲁出发装载了18300吨鱼粉，横渡太平洋回国。11月27日19时，船员发现一号舱内鱼粉自燃，第二天六号舱内也开始冒烟。船上人员立即开始实施灭火救灾措施，当时，船上配备有100多只二氧化碳钢瓶，但是全部用完后仍然没有将火全部熄灭，于是只能采取封舱措施，由于措施得当，火情得到了有效的控制。

12月7日，该船抵达国内某港。如果作为遇难船舶处理，应当立即组织抢险，边灭火边卸货。可是港方人员上船后开启六号船舱观察，没有发现明火，认为没有必要作为遇难船舶处理。于是要求国内收货人按正常程序办理卸货手续，联系接卸车辆等，然后再安排卸货。该船舶则在锚地抛锚等候停泊。

由于六号舱的舱盖被打开过，大量空气进入舱内，结果12月11日该轮第二次引起火灾。船员再次使用二氧化碳灭火没有奏效，只能向港口求援。第二天该轮再度进港，港方立即组织人力一边卸货，一边向舱内注水灭火。最终导致两个舱内的鱼粉绝大部分毁损。

思考：鱼粉起火的原因是什么？为什么第二次用二氧化碳灭火没有奏效？

复习思考题

一、名词解释

1．质量　　2．货物质量　　3．机械变化

4．可塑性　　5．生物变化　　6．后熟

二、选择题

1．货物常见的质量变化有（　　）。

A．物理变化　　B．化学变化

C．机械变化　　D．生物变化

2．下列属于物理变化的有（　　）。

A．呼吸作用　　B．后熟　　C．潮解　　D．破碎
E．热变

3．下列属于机械变化的有（　　）。

A．变形　　B．虫害　　C．发芽　　D．氧化
E．污染

4．下列属于生物变化的有（　　）。

A．散湿性　　B．结块性　　C．霉变　　D．聚合
E．自溶

5．货物常见的物理变化的原因有（　　）。

A．温度过高　　B．温度过低　　C．湿度过大　　D．湿度过小
E．压力过大

6．微生物的作用所需的条件一般有（　　）。

A．中温　　B．低温　　C．高温　　D．高湿
E．低湿

7．具有呼吸作用的植物性货物需要的呼吸条件是（　　）。

A．有氧呼吸　　B．无氧呼吸
C．旺盛的有氧呼吸　　D．控制的有氧呼吸

三、简答题

1．简要说明货物化学变化的后果与影响因素有哪些？

2．如何防止金属制品的锈蚀？

3．如何防止玻璃制品的破碎？

第二节　水运中影响货物质量的要素

货物的质量受多方面制约，既有生产环节的影响，也有流通环节和消费环节的影响。商品质量是商品生产、流通和消费全过程中诸多因素共同影响的产物。本节从流通领域探讨水运中影响货物质量的因素以及应采取的措施，以保证货物在流通过程中质量不下降、数量不减少。货运质量，对港口来说，就是指货物的装卸质量、保管质量和理货交接质量。港口不生产物质产品，它的主要职能是货物的装卸，负责货物的空间位移。因此，港口的生产质量就是指货运质量。港口的货运质量可概括为：货物完整无损、运输及时迅速、费用低廉、服务良好，使货方、船方、车方、对方港获得满意。

流通过程是指产品离开生产过程进入消费过程前的整个区间。产品在流通过程中，都要经过时间和空间的转移，储存、装卸和运输是不可避免的。尤其作为水上运输来讲，海上运输航程远、时间长、风险大，发生损失的可能性就更大了。因此必须明确货物残损的原因与责任。

一、残损（货损）与溢短（货差）

货物包装或货物外表发生破损、污损、水湿、锈蚀、异常变化等现象，并危及或可能危及货物质量或数量时，称为残损货物。在作业过程中造成的残损，称为工残。进口货物起卸前在船上发现的残损，称为原残。

为了确保运输中的货物质量，维护承托双方的利益，残损货物一般按照如下原则来处理：

（1）出口货物发生残损，原则上不能装船，应由发货人换货或整修。在舱内发现的残损货物应卸下船。

（2）进口货物发现原残，应根据与船方商定的办法处理，集中验看或随时验看，编制现场记录，取得船方签字。未经确认而卸下船的残损货物原则上按工残处理，除非是不明显的残损。

（3）在船上发生工残货物，应编制记录，取得工组签字。

船舶承运的货物，在装货港以装货单数字为准，在卸货港以舱单数字为准。当船舶实际装卸的货物数字比装货单、进口舱单记载的数字多出时，称为溢；短少时，称为短。

对溢短货物按以下方法处理：

（1）出口货物应按装货单数字装船，对溢出的货物不能装船。如发货人坚持装船，应由发货人通过船舶代理人更改发装货单。

（2）装船时发现短少货物，应要求发货人补足装货单数字。如发货人无货补足时，应根据具体情况做部分退关、整票退关或由发货人通过船舶代理人更改装货单。

（3）进口货物应按舱单数字卸船，对溢出或短少的货物应如实编制货物溢短单。

在水运中，只要认定为货物残损或溢短必须取得责任人的认可，并明确责任，由于港航方原因导致的由港航方承担赔偿责任，货物原因导致的货损或货差由货主承担损失，由于不可抗力导致的损失可由保险公司承保。但如果有的损失是不可避免的，则无须承担责任，例如：自然减量。

自然减量又叫自然损耗，是指在水运过程中由于货物自然属性、环境气候、技术条件等导致的货物在一定范围内不可避免的减少。因为损失是不可避免的，并且不是人为因素导致的，所以不需要港航方负赔偿责任。常见的容易发生自然减量的货物有：液体货物、粉末晶体类的货物、水果蔬菜类等含水量大的货物、有生动植物货物等。这些货物损失的原因一般有：挥发和干耗、流失、飞扬和撒失、减重枯萎和死亡等。

货物的损耗除了与自身性质有关系外，还与运输距离、运输时间、装卸方法、装卸次数、环境温度湿度、气候因素、货物的包装、状态等有密不可分的联系。自然损耗的大小一般用自然损耗率来表示，自然损耗率是指自然减量占货物全部运量的百分数。常见货物的自然损耗率见表 2-1。

表 2-1　常见货物的自然损耗率

原油	3‰左右
煤炭	1‰左右
蔬菜类	3‰～30‰
酒类	5‰

二、货物残损与溢短的原因

在水运中，涉及的关系人多、运输环节复杂且海上气候多变、航行时间长、距离远，因此可能导致货损货差的原因也很多，我们根据水上货物的运输环节进行归纳，以便更好地采取措施，减少货损货差发生的可能性。

（一）货物残损的一般原因

（1）运输环节的原因：船舶设备不全或使用不当、船舶发生海上事故、气象原因、船上的保管不当等。

（2）保管环节的原因：保管不当、保管设备不全、交付不及时等。

（3）装卸环节的原因：装卸时操作不当、设备选择不当、没有按照操作规章来作业等。

常见的操作规章归纳起来一般有：

1）合理使用机械、工具，不超负荷。

2）坚持“五不”：不倒关、不超限、不超载、不亏车、不偏重。

3）轻拿轻放、堆码整齐、重货不压轻货、木箱不压纸箱、箭头向上、破损挑出，车门车窗和敞车超过车箱部分袋口要朝里、车门要留出适当距离，起脊货物应起好脊、苫盖严密、捆绑牢，作业完毕应关好车门车窗、上好插销。

4）散货避免撒漏、混质，装车完毕要平车，散油不跑、不漏、不冒、不混。

5）作业中随撒随扫、随破随修，作业完毕做到“四清”：垛底清、道路清、机具清、车内清。

6）卸车成组作关坚持“三定”：定关、定量、定型。

（4）配积载环节的原因：舱位选择不恰当、货物搭配不当、货物在舱内的堆码不当、货物的衬垫隔票工作做的不符合要求等。

（5）其他原因：货物包装不固或包装质量不符合要求、货物本身潜在的缺陷或货物的自然特性等。

（二）货物溢短的一般原因

（1）理货差错或发货人发货数字不准。

（2）港口仓库漏装、错装或混装。

（3）港口工人装船时途中掉包掉件或落水。

（4）船舶运输途中错卸、漏卸、被盗或发生海损事故等。

（三）货物残损与溢短责任的划分

（1）货物在交接的各环节发生货物溢短（货差）事故，责任划分原则是：交接前由交方负责，交接后由接方负责，但下列两种情况除外。

1）应参加双边交接而未参加的一方，视同放弃责任，由此而发生的溢短事故，由缺席方负责。

2）港口未按规定为双方交接货物创造条件，如定勾不准、堆垛数字不准等，造成无法计数，对方提出后，港口又拒绝整理、改进而发生的货物溢短事故，由责任港负责。

（2）货物在交接的各环节发生残损（货损）事故，其责任划分方法是：

1）装船前和装船过程中，造成的残损事故由起运港负责。

2）到达港卸货出舱前发现的残损货物，无船舶与起运港原编记录证明，或残损程度（数量）超出原编记录的由船方负责。

3）到达港卸货时，发现因配载不当，造成货物损坏的，由船方负责。但因起运港擅自变更配载图所造成的损失，由起运港负责。

4）到达港卸货过程中发生的、货物入库场后，交付时发现的残损，由到达港负责。

5）在装船或卸船作业中，由于船舶起货机具不良，所发生的货损事故，由船方负责。

依照交通部《关于港口作业事故处理的几项规定》第三条规定，由于港口责任造成的货物灭失、损坏事故，按下列规定赔偿：

计件的货物按件赔偿，不计件的货物按港口装卸计费单位（吨）赔偿。

货物灭失的赔偿按货物的实际价值计算；货物损坏的赔偿按受损前后货物的价值的差额计算；进口货物的价值按到岸价格计算；出口货物的价值按离岸价格计算。

港口对货物灭失、损坏的赔偿金额，每件最多不超过人民币 500 元；每一港口装卸计费单位（吨）最多不超过人民币 100 元；对一艘船舶每一航次所载的货物，在港口作业的全部作业过程中，其赔偿总额量最多不超过下列限额：501 吨（按载重吨计算，下同）以上船舶，人民币 80000 元；500 吨以下船舶，人民币 5000 元。

同时，交通部《关于港口作业事故处理的几项规定（试行）》第二条责任界限规定：

在港口装卸、驳运、保管作业中造成的货物灭失、损坏事故或船体、船具的损失事故，港口负责赔偿。但下列原因造成的损失除外：

（1）不可抗力。

（2）包装不固、不良。

（3）标志欠缺、不清或不当。

（4）货物本身的特性或内在缺陷。

（5）舱单、装货单记载的或货物外包装标明的货物名称、重量与货物实际不符。

（6）由船方负责开关舱作业，未及时关舱造成货物雨湿。

（7）船舶设备或属具的缺陷。

（8）非港口过失发生的火灾。

（9）预先不能发现的影响港口作业的潜在因素和其他非港口责任的损失。

复习思考题

一、名词解释

1．货物的残损　　2．货物的溢短　　3．自然减量　　4．自然损耗率

二、选择题

1．下列属于货物残损的有（　　）。

A．玻璃制品破碎　　B．混票、理货差错

C．粮谷霉变　　D．金属锈蚀

2．下列属于装卸原因导致的残损有（　　）。

A．设备选择不恰当　　B．货物搭配不当

C．货物包装不符合要求　　D．装卸时违章作业

3．下列残损中，不需要港口负赔偿责任的有（　　）。

A．自然减量　　B．不可抗力

C．港口过失导致的残损　　D．船方责任导致的残损

4．下列属于配积载原因导致的残损有（　　）。

A．货物舱位选择不恰当　　B．货物搭配不当

C．货物衬垫隔票不符合要求　　D．不可抗力

5．下列会影响自然损耗率的有（　　）。

A．装运方式　　B．操作次数　　C．货物性质　　D．环境温度

6．下列属于忌装货物的有（　　）

A．粮谷与生丝　　B．玻璃与油

C．棉花与生丝　　D．硅铁与水果

7．下列属于理货原因造成的货差原因有（　　）。

A．保管不当　　B．错装、漏装或混装

C．货物标志不清　　D．计数不准确

8．货物露天堆存时最适宜的垛型是（　　）

A．平台垛　　B．梯形垛　　C．行列垛　　D．起脊垛

三、思考题

1．水运中，货物常见的残损原因有哪些？

2．水运中，货物常见的溢短原因有哪些？

3．水运中，哪些残损和溢短不需要港口负赔偿责任？

4．货物在交接环节是如何划分责任事故的？

第三节　配积载时货物的质量控制

配载是为船舶的当航次配备资源，确定所装货物的品种、数量、重量、体积；计划如何将货物合理分配在船舶适当的舱位或甲板上。积载，就是装船。因此，可以理解为"配载是积载的依据，积载是配载的实施"。远洋船舶由大副或委托他人代理负责编制船舶货物配载图，经船长批准后，作为港航装货工作的依据。货物的配积载工作是水运企业货运管理工作中的重要环节，它直接关系到船舶航行的安全、货运质量、港口装卸效率以及理货质量等问题，因此，必须予以重视。货物的配积载工作涉及的问题较多，本节从货物的积载、装船等方面进行简单的介绍。

一、货物的积载因数

货物的积载因数，又称为装载因数，是货物配积载的一个重要数据。在水运中，货物的种类、性质、尺寸、重量各不相当，同样包装的货物重量可能相差很大，同样重量的货物体积也可能会有差异。如金属和棉花。同一艘船，全部装载棉花，可能舱容满载可载重量却有富余；如果全部装载金属，当船舶载重量满足时，舱容会有很大富余，这两种情况都不能使船舶满载。所以，必须按照一定的比例把棉花和金属搭配起来装载，以充分利用船舶的载重量和舱容。这就是积载因数的用处所在。

（一）概念

（1）理论积载因数（Stowage Factor，SF）是指某种货物每一吨所具有的体积。计算公式=量尺体积/货物的重量。即：

$$SF=V/Q$$

（2）实际积载因数（SF′）是指某种货物在船舱内正常装载时所占用的容积。计算公式=货物占用货舱的容积/货物的重量。即：

$$SF'=W/Q$$

（3）亏舱（Broken Stowage）是指船舶容积未被所装货物充分利用的那一部分，也即实际积载因数与理论积载因数的差额。即：W–V。

亏舱对货物的装载来说，是一种舱容的浪费。配积载时就要通过合理搭配，尽量减少这种浪费。亏舱的原因有：货物与货物之间的空隙、货物堆码不紧密、货物留出的通风道、货物衬隔材料所占用的空间、货物包装形式与货船的形状不相适应、货舱某一方向上的尺度不等于货件高度的整数倍等。

（4）亏舱率：亏舱的大小常用亏舱率来表示。亏舱率（Rate Of Broken Stowage）是指货舱容积未被货物充分利用的那一部分（即亏舱）占货舱容积的百分数。用公式表示就是β=(W–V)/W*100%。

亏舱率的大小取决于货物的种类、包装形式、货舱部位，以及货物的装舱质量和配积载水平等因素。我国常见货种包装形式的亏舱率表如表 2-2 所示。

表 2-2　不同货种的亏舱率表

货物的包装形式	亏舱率	积载因数（ft3/t）
各种杂货混装（General Cargo）	10%～20%	
规格统一的箱装货物　（Case）	4%～20%	
规格统一的袋装货物（Bag）	0%～20%	
（Sack）	0%～12%	
规格统一的捆装货物（Bale）	5%～12%	
规格统一的桶装货物（Barrel）	15%～30%	
规格统一的铁桶货物（Drum）	8%～25%	
散装货物：煤炭（Coal）	0%～10%	
粮谷类（Grain）	2%～10%	42～48
盐（Salt）	0%～10%	50～60
矿石（Ore）	0%～20%	36～42
大木桶（Hogshead）	17%～30%	
木材（Tember）	5%～50%	

例 2-1　某船装运出口箱装货物 200t，实际占用的货舱容积是 420m^3，该箱装货物的理论积载因数是 1.8m^3/t，计算该批货物的亏舱率是多少？

解：已知 Q=200t，W=420m^3，SF=1.8m^3/t，求 β

因为 SF=V/Q，所以 V=SF*Q=1.8*200=360m^3

$$\beta=(W-V)/W*100\%=(420-360)/420*100\%=14.3\%$$

所以该批货物的亏舱率为 14.3%。

例 2-2　某船计划配装出口袋装白糖 300t，已知袋装白糖的理论积载因数是 SF=49ft^3/t，如果亏舱率是 8%，试计算应安排多少舱容？

解：已知 Q=300t，SF=49ft^3/t，β=8%，求 W

因为 SF=V/Q，β=(W–V)/W*100%，所以

$$W=V/(1-\beta)=SF*Q/(1-\beta)=49*300/(1-8\%)=15978ft^3$$

所以应安排的舱容为 15978 ft^3。

（二）重货与轻货的判定

重货（Heavy Goods）和轻货（Light Goods）的确定对计算运费、安排配积载有着非常重要的作用。在不同的业务部门确定轻货与重货的依据各有不同。

（1）在国际航运业务中为了计算运费，货物的计费单位分为重量吨（W）和体积吨（M）（或尺码吨、容积吨）。凡货物的理论积载因数小于 1.1328m^3/t 或 40ft^3/t 的货物，称为重货，如钢铁制品、水泥、煤炭等，运费就按照重量吨（W）来计算；反之，则称为轻货。如茶叶、乒乓球等，运费按体积吨（M）计算。计费单位为（W/M）的货物，按重量吨与体积吨中较大者计算。

（2）在船舶积载业务中，重货与轻货是按照实际积载因数跟船舶舱容系数相比较得来的。船舶舱容系数是指，船舶货舱总容积与船舶净载重吨的比值，即船舶每一净载重吨所占的货舱容积。当货物实际积载因数小于船舶舱容系数，称为重货；反之，称为轻货。两者相近的为普通货。为了适合装运较多的轻货，一般杂货船的舱容系数多在 1.4 以上。

二、货物的配载

正确的配载是货物积载的基础，是保证船舶满载、安全，保证货物质量，保证安全，提高货运企业的经济效益的有效措施。货物的配载内容非常复杂，要考虑的问题也是错终复杂的，在此我们做一些简单的介绍：

（1）要充分考虑船舶的装载能力。

货物积载时，为了充分利用舱容和船舶的载重量，必须先确定货物与船舶装载能力之间的搭配。具体的说，就是要让货物的实际积载因数与船舶的舱容系数尽可能接近，也就是把重货与轻货适当搭配，以实现尽可能的满舱满载。

重货与轻货如何配载，才能充分利用船舶的装载能力呢？

如果货舱的容积用 W 来表示，总载重量用 Q 来表示，重货与轻货的积载因数分别用 $SF_{重}$ 和 $SF_{轻}$来表示，重货与轻货的重量分别用 $Q_{重}$和 $Q_{轻}$来表示。那么该舱能装的重货与轻货的重量分别是：

$$Q_{轻}=[W-(SF_{重}*Q)]/(SF_{轻}-SF_{重})$$

$$Q_{重}=Q-Q_{轻}$$

例 2-3 某船的总舱容为 400000ft^3，载重量为 6000t，现计划配装两种货物，积载因数分别为 20ft^3/t 和 90ft^3/t，问该两种货物应分别装多少吨才能充分满载？

解：已知 W=400000ft^3，Q=6000t，$SF_{轻}$=90ft^3/t，$SF_{重}$=20ft^3/t，所以

$$Q_{轻}=[W-(SF_{重}*Q)]/(SF_{轻}-SF_{重})$$

$$=[400000-(20*6000)]/(90-20)=4000t$$

$$Q_{重}=Q-Q_{轻}$$

$$=6000-4000=2000t$$

所以轻货应装 4000 吨，重货应装 2000 吨。

（2）在货物装船时，要保证船舶的局部不受伤，保证船舶的安全。

这就要求货物装船时，采用正确的堆放方式，要适当衬垫。特别是在装运重大件货物时，由于比重大，与其接触的局部承受的压强过大，容易导致船舶局部受损，必须采取适当的衬垫

措施，并注意捆绑加固，加强防移措施。

（3）配载时，要保证船舶有适度的稳定性。

稳定性是指为了保证船舶的安全航行，在外力消除后，船舶必须具有回复原来平衡位置的能力。船在航行中，稳定性不是越大越好，也不是越小越好。稳定性过大，船舶摇摆过快，容易晕船，影响船上人员的工作，更影响航海仪器的使用，也不利于船体的结构，船舶容易受损；稳定性过小，遇到大风浪时，船舶有倾覆的危险。所以，保证船舶的适度稳定性是极为重要的。

从积载的角度考虑，保持船舶适当的稳定性，主要体现在：左右装载货物重量均衡；尾部所装货物重量略大于首部；上下各层的重量比一般为 7:2:1。

（4）便于装卸作业，缩短船舶在港停泊时间，进而提高货运效率。

在货物装船时，要充分考虑根据货物的到港顺序来合理安排装载顺序。一般来说，先到应后装、后到的要先装。

（5）保证货运质量。这是整个配载工作最基本的出发点。

在配载时，保证货运质量，就是要保证货物运输的质量与安全。合理的选舱、合理的货物搭配、适当的衬垫与隔票、正确的舱内堆装，都是保证货物运输质量与安全的基础性条件。

三、货物的装船

根据货物的性质、包装特点、积载因数和运输保管等要求，结合船舶货舱等条件，经综合考虑，将货物妥善、安全、合理地装到船上，按期运达目的地，保证货物完好交付，这是货物装载工作的基本要求。

（一）货物的装船顺序

要按照货物的到港顺序合理地安排装船的顺序。一般先到港的后装，后到港的先装，先装深舱、底舱，后装二层舱和舱面。另外，从船舶的稳定性考虑，要保证船舶载重量的均衡，如果是有两层舱的船，要保证各层的重量比是 7:2:1，如果是单层甲板，要保证上下层的重量比是 7:3，同时还要保证船舶的左右均衡。

（二）要按照货物的性质选择合适的舱位，保证货物的质量以及船体的结构

（1）液体货物：要装载在底舱或不能污染其他货物的地方，不能装载在怕污染的货物上面，最好装载在前舱后壁或后舱后壁等地势较低的地方。如果货物性质不受影响，货主也同意的话也可以装载在舱面上。数量少包装弱的也可以装载在上层舱。

（2）扬尘货物：应装载在其他货物下面或底舱。

（3）怕热货物：应远离热源部位，最好装在上层舱靠近舱口位置通风好的地方。

（4）吸湿货物：装载在干燥的地方，最好在上层舱，远离产生汗水的地方，深舱和底舱不适宜，舱内要求污水沟通畅，盖舱板严密，水管不渗漏。

（三）货物在舱内的堆垛

货物在舱内堆存时，首先确定堆垛的顺序，一般的原则是下强上弱、下重上轻。其次要确定货物的堆垛方法。常见的堆垛方法有：重叠法、压缝法、纵横压缝法，如图 2-1 所示。

重叠法是将货件直上直下垂直装载。这种堆垛方法的优点是：操作简单、计数方便、通风效果好，缺点是：货垛不够牢固，舱容浪费较大。适合箱装货物、袋装货物（尤其是有呼吸作用的货物）、捆类货物等。

压缝法是将上层货件同向压在下层货件的缝隙处。其优点是货垛牢固，操作也较简单，缺点是货舱面积浪费，不易计数，适合桶装货物。

纵横压缝法是将上层货件以横向压在下层纵向货件的接缝处，每层件数、长宽一致，每两层交叉堆码。其优点是货垛牢固、计数容易、节省舱容，缺点是操作困难，通风较差。适用于堆垛不稳定而又需要堆存较高的货物。

图 2-1　常见的堆垛方法与垛型

此外，针对不同货物的特性还有其他的一些堆垛方法。例如：对于一些票数多、件数少的杂货，可以采用行列垛；对于长型的货件可以采用井型垛等。

（四）货物的忌装

忌装货物，是指一种货物与另一种或几种货物之间因为性质相互抵触，如果堆放在一起能彼此相互作用或影响，对一种或几种的质量产生危害而不能堆放在一起的货物。

如果堆放在一起，忌装货物之间轻的会降低一种或几种的质量，重的有可能引起燃烧、爆炸等危险事故，进而威胁船舶和港口的安全。因此，在积载中要特别注意货物的忌装。常见的忌装货物与类型有如下几种，见表 2-3。

表 2-3　常见货物的忌装

忌装类型	货物名称	忌装货物名称	忌装原因
不能相邻	钢材、生铁等普通金属及其制品	酸、碱、盐或化肥、纯碱、食盐等酸碱类物质	腐蚀
	塑料、化纤等高分子有机物	酸、碱、酒精、苯、二硫化碳等有机溶剂	溶解、老化
	豆粕、亚麻籽、小五金等油类货物	棉花、生丝等纺织品；纸张、文具等日用品	渗油污染、自热、自燃

续表

忌装类型	货物名称	忌装货物名称	忌装原因
不同舱室	黑白铁皮、铝制品等高价值的金属与制品	酸、碱、盐或化肥、纯碱、食盐等酸碱类物质	腐蚀
	棉纺织品、皮革制品、天然橡胶等及其制品	酸碱有机溶剂等	溶解、老化
	水果、粮谷等	纯碱、颜料、酒精等	催熟
	耐火材料、滑石粉、石墨等	煤、矿石、硫磺等粉末	混杂
不同货舱	茶叶、水果、食糖等食品类	鱼粉、皮革、香料、化肥等	感染异味、污染
	烟叶、樟脑等	油漆、化肥等	串味
	尼龙	樟脑	破坏纤维强度
不能在相邻货舱	易燃易爆物质	有机过氧化物	燃爆危险

常见的属于忌装货物的有：

（1）吸湿性的货物与散发水分的、含水量大或液体货物不能装载在一起。例如：液体货物、新鲜水果、蔬菜、木材等与棉纺织品、茶叶、食糖等。

（2）食品类货物与散发强烈异味的、污秽的、有毒的等一切有碍食品的使用卫生与质量的货物应隔离堆存。例如：水果、茶叶、食盐、粮食等与化工品、化肥、纯碱、水泥、油漆、樟脑、香料等。

（3）清洁货物与污秽货物不能堆放在一起。例如：纸浆、日用制品、服饰类货物、文具与文化用品等与液体货物、碳黑、矿粉、豆粕、生皮等。

（4）金属及其制品类与酸碱盐及其他酸碱性货物不能堆放在一起；酸性物质与碱性物质也不能堆放在一起。例如：氧化铝、铜、卷钢等与酸、碱、盐、化肥、水泥、纯碱、盐渍肠衣等。

（5）吸收异味的、有异味的、食品类、贵重货物等与散发强烈异味的货物应隔离堆放。例如：食品类、古玩字画、生丝、烟丝、胡椒粉等调料品与农药、化肥、鱼粉等。

（6）怕虫蛀的与易生虫的货物之间也要隔离堆放。例如：生丝、皮革与粮谷、生皮等。

（7）危险货物与危险货物之间要严格按照《国际海上危险货物运输规则》中的隔离要求来操作。例如：氧化剂与还原剂、爆炸品与爆炸品之间。

补充：

一、货物丈量的方法：

（1）袋装货物：对同品种同规格的袋装货物，取 12 袋，码成三层高，每层 2×2，中央突出部分略加摊平，进行满尺丈量，求得单袋的平均体积，进而计算出整票的总体积。

（2）包装货物：对同品种同规格的包装货物取数件码成立方体，进行满尺丈量，求得单件的平均体积，进而计算出整票的总体积。对不同规格的包装货物取数件码成立方体，进行满尺丈量，求得单件的平均体积，进而计算出整票的总体积。对不同规格的包装货物，各取数件，进行满尺丈量，求得各种单件的平均体积，进而计算出整票的总体积。

（3）圆木：抽取不同长短、粗细的圆木进行满尺丈量，求得每根的平均直径和长度，按直径×直径×长度的公式，求得每根的体积，计算出各种不同长短，粗细的圆木的平均体积，再计算出整票的总体积。

二、货物积载图是指货物装在船上的实际位置，准确的数量和重量，由理货公司绘制并提供给船方和卸货目的港。

货物积载图的作用：

（1）能准确地掌握每个舱装载的货物数量、重量和剩余的舱容，以便其他港口加载货物。

（2）掌握每个卸货港所装货物的内容和数量。

（3）根据各舱装载数量，准确地计算船舶平衡和稳定性。

此外，卸货港根据货物积载图情况可提前做好卸货的准备工作，在船舶作业中可随时掌握各舱卸货进度，并能防止货物的错卸及其他事故的发生。

案例分析：

2003 年 8 月 3 日 9 时 50 分左右，意大利邮船公司所属巴拿马籍某集装箱船，在盐田港锚泊时发生火灾。经海事局及时组织施救，于 8 月 6 日将火灾扑灭。这场火灾造成的损失为：该船四号舱舱面有烧毁痕迹，损失轻微；10 个 20 英尺和 35 个 40 英尺集装箱全部毁损；49 个集装箱内的货物全部损失。火灾造成的直接经济损失达 1000 万。

该船在锚泊盐田港之前，先后在上海、宁波两港装货，并装载了 3709 个集装箱，总重 34290 吨。其中，有 47 个集装箱装有危险货物（其中 36 个在上海港装船，11 个在宁波港装船）。积载时按照“国际危规”的要求进行了隔离。积载的甲板清洁，箱体完好无损。集装箱固定绑扎良好。

8 月 1 日，该轮驶往深圳盐田港区。8 月 2 日 15 时，在盐田港区 4 号锚地候泊。

8 月 3 日上午 9 时 50 分，船长发现四号舱舱面某位左舷有白烟冒出，立即下令船员采取应急措施。大副立即跑到该货位，发现是位于该处的一集装箱内起火。火焰从集装箱门顶部接缝处冒出，已达到集装箱四分之一的高度；集装箱门顶部接缝处则冒出大量白色和黑色浓烟。大副随即查实，该箱内货物为液体过氧化甲基乙基酮。

在该集装箱右侧装有四个内装打火机的集装箱，前方四个集装箱内也装有打火机，后方装载的是内装易燃液体和腐蚀品的两个集装箱。调查还发现该集装箱内并没有装满而留有一定的空隙（本能装 18 吨，只装了 13.3 吨）。

思考：火灾发生的原因是什么？损失扩大的原因是什么？

复习思考题

一、名词解释

1．理论积载因数　　2．实际积载因数　　3．亏舱

4．亏舱率　　5．忌装货物

二、选择题

1．下列会影响亏舱率的因素有（　　）。

A．货物的种类　　B．包装形式　　C．货舱部位　　D．货物的装舱质量

E．配积载水平

2．一般条件下，扬尘类货物适宜的积载舱位是（　　）。

A．舱面　　B．二层舱　　C．底舱　　D．贵重舱室内

3．下列货物中属于忌装货物的有（　　）。

A．茶叶与樟脑　　B．金属与纺织品类

C．纸浆与碳黑　　D．食盐与食糖

4．下列属于纵横压缝法堆垛优点的有（　　）。

A．货垛牢固　　B．计数方便

C．操作简单　　D．节省空间

5．桶装货适宜的堆垛方法一般是（　　）。

A．重叠法　　B．压缝法

C．纵横压缝法　　D．都可以

6．卷钢正确的堆垛方法有（　　）。

A．压缝　　B．重叠

C．纵横压缝法　　D．骑缝法

7．在运输时，正确测算货物体积的方法是（　　）。

A．按货件实际体积　　B．按货件内最大处的体积

C．按货件外最大处的体积　　D．按货件在货舱内实际占用的容积

8．下列与粮谷忌装的货物有（　　）。

A．硝酸铵　　B．水银

C．水泥　　D．化肥

9．下列能影响亏舱率的因素有（　　）。

A．货物种类　　B．包装形式

C．装舱质量　　D．货舱部位

三、判断题

1．货物在自然减量标准内的减少也需要港航方负赔偿责任。（　　）

2．国际航运业务中为了计算运费，一般把货物的积载因数小于 $40ft^3/t$ 的称为重货。（　　）

3．原木体积的正确测算公式是，粗头直径的平方乘以木头的长度。（　　）

4．重叠法堆垛的通风效果最好。（　　）

四、计算题

1．某轮计划配装出口袋装白糖 700t，在积载因数表中查得积载因数为 $48\sim50ft^3/t$，问需要安排多少舱容？

2．某轮 3 号舱计划配装出口箱装花瓶，每箱重量为 800kg，总舱容为 $6000m^3$，积载因数表中查出该花瓶的积载因数为 $5.8m^3/t$，问能装多少箱该花瓶？

3．某货舱的容积为 $800m^3$，总的载重量为 500 吨，现计划配装出口箱装炼乳和袋装大豆，其积载因数分别是 $2.5m^3/t$ 和 $1.2m^3/t$，问为充分利用船舶的装载能力，两种货物各装多少较为适宜？

五、思考题

1．亏舱的影响因素有哪些？亏舱率的大小取决于哪些因素？

2．货物常见的堆垛方法有哪几种？各有什么优缺点？

3．忌装货物常见的忌装原因有哪些？

4．重货与轻货是如何划分的？

第四节　货物的质量监督与质量管理

一、质量管理的概念

（一）质量管理

CTB/T 6583-ISO 8402 给质量管理下的定义是："确定质量方针、目标和职责并在质量体系中通过诸如质量策划、质量控制、质量保证和质量改进使其实施的全部管理职能的所有活动"。质量管理这个概念，是随着现代化工业生产的发展而逐步形成、发展和完善起来的。现已延伸到商品流通质量管理、商品经营质量管理、商品储运质量管理等领域中，并日益得到广泛应用。为了便于专业研究的需要，本教材采用商品流通质量管理的概念。即指商品流通组织者（即货运企业）确定质量方针、目标和职责，并在质量体系中通过诸如质量策划、质量控制、质量保证和质量改进使其实施的全部管理职能的所有活动。

质量管理是一个组织全部管理的重要组成部分，它的职能是制定并实施质量方针、质量目标和质量职责。质量管理是以质量体系为依托，通过质量策划、质量控制、质量保证和质量改进等发挥其职能。为了实施质量管理，需要建立质量体系。

二、质量管理发展阶段

当今世界各国都极为重视商品质量，把商品质量视为关系到企业存亡乃至国家和民族的兴衰之所在。保证和提高商品质量，关键在于严格的、科学的质量管理，因此商品质量管理和质量保证在全球范围内迅速发展，并得到世界各国的极大重视。商品质量管理的发展，同科学技术、生产力水平以及管理科学化和现代化的发展密不可分。从工业发达国家解决产品（商品）质量问题涉及到的理论和所使用的技术与方法的发展变化来看，质量管理的发展大体经历了以下三个阶段。

（一）事后检验阶段

从 20 世纪初期到 40 年代，主要是按既定质量标准要求对产品进行检验；管理对象限于产品本身的质量；管理领域局限于生产制造过程。因此，检验质量管理是一种消极防范型管理，依靠事后把关，杜绝不合格产品进入流通领域，无法在生产过程中起到预防、控制作用。

（二）统计质量管理阶段

从 20 世纪 40 年代到 50 年代末，主要是按照商品标准，运用数理统计在从设计到制造的生产工序间进行质量控制。预防产生不合格产品，管理对象包括产品质量和工序管理，领域从生产制造过程扩大到设计过程。统计质量管理是一种预防型（事先监控型）管理，依靠生产过程中的质量控制，把质量问题消灭在生产过程中。

（三）全面质量管理阶段

从 20 世纪 60 年代至今，世界各国积极推行全面质量管理（Total Quality Control，TQC）。全面质量管理的定义可以理解为：一个组织以质量为中心，以全员参与为基础，目的在于通过让顾客最终满意和本组织所有成员及社会受益而达到长期成功的管理途径。概括地说，全面质量管理是以质量为中心，全体成员和部门积极参与，把专业技术、经济管理、数理统计和现代化的管理经验与技术结合起来，建立起贯穿产品（商品）的研究、设计、生产、服务等全过程的质量保证体系，从而有效地利用人力、物力、财力和信息等资源，以最经济的手段生产出顾客满意、组织及其全体成员及社会都得到好处的产品（商品），从而使组织获得长期成功和发展。

与传统的质量管理相比较，全面质量管理的特点是：

（1）把满足消费者或用户的需要放在第一位，坚持“顾客是上帝”的服务理念。

（2）运用以数理统计、概率方法为主的现代化综合管理手段和方法，对商品开发、设计、生产、流通、使用、售后服务及用后处置等的全过程进行全面管理。

（3）预防为主，重在分析各种因素对质量的影响。

（4）既管产品质量，又管工作质量、工序质量、服务质量。

（5）不仅要保证产品质量，还要做到成本低廉，供货及时，服务周到，获取效益。

（6）依靠所有部门和人员来参与质量管理。

（7）实行严格的标准化管理，不仅贯彻成套技术标准，而且要求管理业务、管理技术、管理方法、管理程序的标准化。

全面质量管理是一种全面、全过程、全员参与的积极进取型的“三全”管理，强调调动人的一切积极因素，根据系统论的观点把管理对象看成一个整体，分析系统各要素相互联系、相互作用的相关性，采取相应对策，使商品的设计、开发、生产、流通和消费的全过程均处于监控状态，从而保证商品质量符合消费者或用户需要。坚持“拥护第一、预防为主、管理科学”等原则。

三、商品质量管理的基本方法

（一）PDCA 工作循环的运用

对商品实施全面质量管理的过程，就是要求各个环节、各项工作都按照 PDCA 循环，周而复始地运转。美国质量管理学家戴明（W . E . Denming）博士把质量管理过程分解为四个阶段，即计划（Plan）、执行（Do）、检查（Check）、处理（Action）。这就是管理学中的 PDCA 工作循环理论，又称为“戴明循环”。PDCA 循环包括四个阶段八个步骤。

PDCA 循环基本工作内容如下：

1. 计划阶段（P）

其主要任务是制定目标与计划。根据存在的问题或用户的要求，找出问题存在的原因和影响产品质量的主要因素，以此为依据来制定措施与计划，确定质量方针、质量目标、质量措施，从而进一步制定出具体的活动计划和措施，并明确管理项目与内容。计划阶段是 TQC 的开始与出发点，

2. 执行阶段（D）

任务是执行计划。按照 P 阶段的计划和标准规定具体实施。

3. 检查阶段（C）

任务是检查计划的实现情况，调查执行计划的结果，将工作结果与计划对照，得出经验，找出问题。

4. 处理阶段（A）

任务是把执行的结果进行处理总结。把 C 阶段执行成功的经验，加以肯定，纳入标准或规程，形成制度，以便今后照办。对失败的教训加以总结，以后不再那样做；遗留问题转入下一个 PDCA 循环。PDCA 循环既适用于整个企业的质量工作，也适用于各有关部门、各个环

节的工作。

（二）PDCA 循环的特点

1. 大环套小环，环环促进

PDCA 作为企业管理的一种科学方法，适用于企业或商品经营、流通等各方面的工作，因此整个企业是一个大的 PDCA 循环，各部门又都有各自的 PDCA 循环，依次又有更小的 PDCA 循环，直至具体落实到每个人。这样就形成了一个个大环、中环和小环，且一环扣一环，环环相扣，环环联动，推动整个企业的 PDCA 循环转动起来，使各部门、各环节和整个企业的质量管理工作有机地联系起来，彼此协调，相互促进。

2. 爬楼梯

PDCA 工作循环，依靠组织力量推动，顺序进行，循环不是原地转圈，而是每一次转动都更新内容和目标，因而也意味着前进了一步，犹如爬楼梯，逐步上升。在质量管理上，经过一次循环就意味着解决了一批问题，质量水平就有了提高。

3. 关键在“处理”阶段

“处理”就是总结经验，肯定成绩，纠正错误，以利再战，为了做到这一点，必须加以“标准化”、“制度化”，以便在下个循环中巩固成绩，避免重犯错误。

（三）商品全面质量管理的工具和技术

在运用 PDCA 工作循环实施全面质量管理时，可借助于以下几种工具和技术进行数据分析，找出质量问题及其影响因素以进行有效的质量控制。

1. 分类法

又称分层法。是分析影响质量因素的一种基本方法，也是加工整理数据的一种重要方法。这种方法是通过分类把性质不同的数据以及错综复杂的影响质量的因素及其责任划分清楚，找出规律，提出解决方法。

2. 排列图法

又称巴雷特图法。是找出影响产品质量主要问题的一种方法。这种方法是以图表形式把许多问题或构成问题的许多内容、因素等按照各自所占的份额，用相应高低的长方形依次排列出来，同时，还标出各项累计百分比，以指示解决问题的主要目标。

3. 因果分析图法

因果分析图又称特性因素图，因其形状似树枝或鱼刺，故又叫树枝图或鱼刺图。它主要用于分析质量问题产生的原因。为了寻找某种质量问题产生的原因，采用由有关实践者参加的“诸葛亮会”，集思广益，将多方面查出的原因反映在一张图上，通过带箭头的线把质量问题与原因之间的关系表示出来，从中找出主要原因，提出解决质量问题的方法和具体措施。

4. 直方图法

又称质量分布图法或频数分布图法。它是把收集到的商品质量数据整理后，根据分布情况分成若干组，画出以组距为底边、以频数为高度的许多直方形，再把它们连接起来形成矩形图，通过观察图形，分析商品质量现状和变动趋势，从而提出控制市场商品质量的方法。

5. 控制图法

又称管理图法。它是画有控制（或管理）界限的一种图表，用来区分质量波动究竟是由于偶然原因引起的还是由于系统原因引起的，分析和判断工序是否处于稳定状态，从而判断商品质量是否处于控制（或管理）状态，预报影响质量的异常原因。它利用图表形式，来反映生产过程中的运动状况，并据此对生产过程进行分析、监督和控制。

6. 散布图法

又称分散图法或相关图法。用于研究质量问题变量间的相互关系。在对原因的分析中，常常遇到一些变量处于一个统一体中，它们相互联系，相互控制，在一定条件下又相互转化。有些变量间存在着确定性的关系，有些变量间却存在着相互关系，即这些变量之间既有关系，又不能由一个变量的数值精确地求出另一个变量的值。将两种有关的数据列出，并用“点”填在坐标上，观察两种因素之间的关系，这种图称为散布图（或分散图、相关图）。对它们进行分析，称为相关分析。在质量管理中，就是利用散布图来观察质量特征的关系，从而改进质量。

7. 统计调查分析表法

它是利用统计调查表，来进行数据整理和粗略分析的一种最常用、最简单的方法工具）。其格式各种各样，一般因调查目的的不同，而可以设计出不同的表格。在质量管理中，最常用的有以下几种：

- 调查缺陷位置用的统计调查分析表；
- 工序内质量特性分布统计调查表；
- 按不合格项分类的统计调查表；
- 其他统计调查表。

除上述七种质量管理的工具和技术外，还有对策表、系统图、水平对比、流程图等。

四、商品质量的微观管理

商品质量的微观管理主要是企业通过建立和实施质量体系，对商品生产、流通和使用消费的全过程的全面控制和管理。商品质量微观管理分为商品生产质量管理和商品流通质量管理。

（一）商品生产质量管理

企业要生产出消费者和用户满意的产品，必须建立质量保证体系。对质量形成的各个环节，即从市场调研到产品计划、设计开发、制造、销售、流通、售后服务等进行预防性的管理。

1. 市场调研质量管理

市场调研是形成良好产品质量的前提。产品质量能否满足消费者和最终用户的需要，市场是最终的检验者，因此，准确而全面的市场调研是整个产品质量合格与否的基础与保证。

2. 设计质量管理

在整个商品质量的形成过程中，设计质量对保证商品满足消费者和用户要求具有决定意义。

3. 采购质量管理

为进行正常的生产和经营活动企业必须采购所需要的原材料、元件、零部件等物资。这些采购品是本企业产品的组成部分，并直接影响产品质量。因此企业应对全部采购活动进行计划和控制。

（二）流通过程的质量管理

流通环节对货物的质量影响是多方面的，包括运输、保管、装卸、储存、配积载、衬垫等方方面面，因此流通环节的质量管理也应该囊括运输的全过程。为了加强流通过程管理，减少残损和溢短，必须做到：

（1）成立全面质量管理小组，将质量管理贯穿货物运输的全过程。

（2）加强思想教育工作，让货主、承运人及其代理人等主体明确提高货物运输质量的重要性，以便于具体措施的落实。

（3）建立岗位责任制，明确各自的责任、义务，建立完善的奖惩制度。

（4）加强对理货人员、库场管理人员、装卸操作人员及其他人员的教育与引导，促使他们按照正确的操作规章进行作业，以切实保证货物在运输、保管、堆存、积载等环节的质量与数量。

（5）加强与货主及其代理人的沟通与交流，以确保货物本身的质量、包装、标志等符合相关的要求。

（6）针对运输、堆存保管、装卸操作、货物本身、理货等环节的残损原因，再结合货物的性质差异，采用有针对性的措施。

复习思考题

一、名词解释

1．质量管理　　2．全面质量管理　　3．PDCA 循环

二、选择题

1．在 PDCA 循环中，关键环节是（　）。

A．P 阶段　　B．D 阶段　　C．C 阶段　　D．A 阶段

2．全面质量管理的特点有（　）。

A．全员参与　　B．用户第一　　C．全过程管理　　D．预防管理

三、思考题

1．全面质量管理的特点表现在哪些方面？

2．PDCA 循环的处理程序是如何的？

3．如何加强货物在流通环节的质量管理？

第三章　货物的包装与标志

第一节　包装及其功能

一、包装的概念

包装是指流通过程中为保护商品、方便储运、促进销售，按一定技术方法而采用的容器、材料及辅助物等的总体名称；也指为达到上述目的而采用容器、材料和辅助过程中，施加一定技术方法等的操作活动。

商品包装具有从属性和商品性两种属性。包装是其内装物的附属品，包装所选用的容器、材料、包装技法都从属于内装货物的需要，包装必须与内装货物的性质不相抵触，并能保护内装的货物质量。商品包装是附属于内装货物的特殊商品，本身具有价值和使用价值两种属性。其价值包含在具体商品的价值中，随着商品的销售而实现，而且优良的包装，不仅能保护货物，还能提高商品的艺术性和精美度，影响人们对商品的评价，从而提升商品的价值，带来超乎寻常的经济价值。

二、商品包装的功能

商品包装主要有保护、容纳、便利、促销等功能。为方便货物的运输和保管，以及保证货物的完整，给货物加以一定的包皮称为包装。

（一）保护功能

包装是生产的终点，同时也是运输的起点。因此，保护功能是包装的最基本功能。具体来说就是要保护货物质量完好和数量完整，防止出现运输过程中的残损。

商品在运输、储存和销售过程中，会受到各种内、外因素的影响，从而产生物理、机械、化学、电化学、生物学、生物化学等质量变化，使已经形成的商品的使用价值降低甚至彻底丧失。我国每年在这方面的损失有近百亿元。所以加强商品包装的保护功能相当于增加了可销售商品的数量，具有相当大的社会效益和经济效益。

对这方面影响的主要因素和损失有：运输过程中的颠簸、撞击；装卸过程中的跌落、冲击开裂；仓储期间的堆码承重都会造成包装破损、商品体损伤、失散；储存环节的温湿度、空气中的氧与有害气体的侵蚀；阳光等环境因素也能造成商品发生干裂、脱水、潮解、溶化、腐烂、氧化、变色、老化、锈蚀等质量下降现象；微生物、昆虫、细菌侵入也会导致商品遭受霉变、虫蛀、腐烂、酸败等变质现象。所以，必须对商品进行科学的防护包装，以增加商品抵抗各种外界不利因素的影响，从而保证商品的质量与数量。为提高商品包装的这一功能，必须从加强商品包装材料、包装技法和对包装容器的合理选择等方面进行研究。

（二）方便功能

1. 便于流通

商品包装是商品流通的工具之一。商品从出厂后要经过分配调拨、运输装卸、开箱验收、储存保管、展示销售等一系列流通环节，才能最终到达消费者手中，这无不对运输的便利性提出了较高的要求。

（1）便于运输：为了提高运输效率，降低运输储存环节的费用，加速商品周转，必须对商品按形态、数量、尺寸、规格、重量互相搭配，进行包装，以便在运输过程中最大限度利用运输工具的装载空间，实现高效的运输、交接。

（2）便于装卸：合理的包装、合理而固定的重量与尺码，提高了货物在搬运装卸过程中的机械化作业，可以提高机械化的水平；包装外的各种标志（运输标志、包装储运指示标志、危险货物标志等），能起到正确的警示和指导作用，便于提高运输、装卸的安全性。

（3）便于储存：货物的固定包装与尺码、正确的包装标志，能在储存过程中最大限度地利用仓储空间；能有效地指导仓储与保管，保证货物在储存环节的质量完好；同时，还可以保证货物在收发转移过程中的识别、验收、理货、分票、计量、清点，以确保货物在储存环节的数量不出现任何差错。

为了提高商品包装的这一功能，必须加强对运输包装、集合包装、包装尺码系列、系列标准、包装标志内容与要求等的研究。

2. 便于销售

商品的销售包装主要以销售为目的，它与商品一起到达消费者手中，除了具有保护商品的功能外，主要起到宣传、美化、推销商品的作用。销售包装通过造型、装潢、文字图片说明等来传递商品信息，便于货架陈列，引起和刺激消费者的购买欲望，起到“无声的推销员”的作用。为了提高商品销售包装的这一功能，必须加强包装装潢、包装美学、销售包装、广告学等的研究。

3. 便于使用

销售包装随着商品一起出售给消费者，必须具有方便使用和指导消费的作用。包装的大小、形态、重量、尺码等要便于消费者携带、保存和使用。尤其是在使用过程中需要反复使用的小包装，对包装便利提出了更加高的要求，如杀虫剂、空气净化剂等的喷雾包装。为了便于使用，还要让包装的图案、商标、文字说明等，能让使用者产生商品的真实感和可信任感，要介绍商品的成分、性质、用途和使用方法、使用期限、适用范围等，以保证最大限度地发挥商品的功能。包装上的使用说明还要对使用中可能发生的问题提出警告，并对处理方法给予指导，以免消费者的利益受到损害。此外，精心构思设计，装潢美观、大方的商品包装，有时本身就是一件具有保存价值和美学价值的艺术品。某些商品被消费后，其包装容器还可作他用，满足人们某种特殊需要。所以，虽然商品包装主要是内装商品的附属品，但它本身也具有一定的商品性，如礼品包装。这一点也是不能忽视的，包装这一功能的发挥，在包装设计当中应予以充分的注意。

（三）容纳、集合功能

容纳内装物是包装的最基本的重要功能，是包装其他功能得以实现的基础功能。因为，只有容纳功能才能使货物具备一定的形态。容纳功能使得散装货物变成件装货物，才能利于货物运输、保管、装卸时的理货与交接，才能便于运输和保管。容纳功能使得货物的成组化成为可能。成组化是指包装能把许多相同或不同的货物个体或一些包装物组合在一起，作为一整个运输单元的形式。这种成组化形式可以化零为整，化分散为集中，能大大提高运输、装卸和销售的效率。容纳功能能节省储运空间；容纳不仅可以充分利用包装容积，还能够方便装卸，提高运输效率和库房利用率，节省包装、储运费用。

（四）促销功能

商品的价格围绕商品价值波动，商品价值由社会必要劳动时间所决定，这是政治经济学的基本原理。消费者承认的价格必须与商品质量相符合，并受同类商品市场竞争机制和供求关系的影响。商品包装是商品的外衣，在市场竞争中往往可以起到“掩蔽”或“放大”内在商品价值的作用。许多出口商品由大包装改为小包装后可换回更多的外汇，种种现象都表明改进商品包装可以增加商品价值，这并不违反商品价值规律，只是通过商品包装使其原有价值被人们重新认识。商品包装的这方面功能随着我国对外开放的不断发展，已逐渐被重视。尤其是在出口商品包装上，面临激烈的国际贸易竞争，这方面大有发展的余地。

三、运输包装的功能与制作

包装按其在流通中的作用不同，可以分成商业包装和运输包装两种。

（一）运输包装的功能

运输包装是指在货物流通、运输和保管装卸过程中，起保护货物、方便储运功能的包装。又叫大包装、外包装。一般处于货件的最外边。

其具体的用途是：

（1）防止货物的内部或外部遭受水湿、污染、变质、破损等。

（2）避免由于货物本身性质所引起的危险。

（3）防止货物泄漏、脱落、偷盗，以求数量完整。

（4）保证货物装卸、搬运操作便利，便于堆码、运输、理货、计数与分票，防止发生错发、错运、错接等货差事故。

（二）运输包装的制作要求

为了实现运输包装的上述功能，保证水运中货物的质量完好和数量完整，货物运输包装应遵循“坚固、经济、适用、可行”的原则。

具体来说就是：

（1）货物包装应坚固、完好，在运输过程中能防止包装破裂、内物漏出、散失；防止因码放、摩擦、震荡或气压、气温变化而引起的货物损坏或变质；防止伤害操作人员或污染飞机、地面设备及其他物品。

（2）经济上要合理，包装不够坚固时，可根据货件特点选择适当的衬垫材料进行缓冲。

（3）包装、封口和衬垫材料要与货物的性质不抵触、不发生反应，以确保货物运输的安全。

（4）包装除应适合货物的性质、状态和重量外，包装的外形、重量、尺码也适合搬运、装卸和码放；包装外表面不能有突出的钉、钩、刺等；包装要整洁、干燥，没有异味和油渍。

（5）包装外面要有符合要求的标志。标志要做到“牢固、清晰、正确、完整”，以满足运输、装卸过程中的需要。

（6）危险货物的包装要按照《国际海上危险货物运输规则》的要求采取具体的措施。

复习思考题

一、名词解释

1．包装　　2．运输包装　　3．成组化

二、选择题

1．包装的功能有（　　）。

A．保护　　B．便利　　C．容纳　　D．促销

2．包装最基本的功能是（　　）。

A．保护　　B．便利　　C．容纳　　D．促销

3．销售包装最基本的功能是（　　）。

A．保护　　B．便利　　C．容纳　　D．促销

三、思考题

1．简述包装的功能。

2．包装的保护功能是如何实现的？

3．包装的方便功能是如何实现的？

4．货物运输包装的功能有哪些？

5．货物运输包装的制作要求有哪些？

第二节　包装的分类

一、包装的分类

现代商品品种繁多，性能和用途千差万别，商品包装的要求、目的、形态、方法和方式各不相同。商品包装也种类繁多，所用材料和生产方法不同，性能特点和用途范围也不一样。为了充分发挥包装的功能，就必须对商品包装进行科学的分类。

包装的分类是把包装作为一定范围的集合总体，按照一定的分类标志或特征，逐次归纳为若干概念单一、特征明确的局部单元。或者说是划分为不同层次的大类、品类、品种和细目等的过程。

商品包装在生产、流通、消费领域中作用不同，不同部门和行业对包装分类的要求也不尽相同。包装工业部门、包装使用部门、商业部门、包装科研部门等根据自己的行业特点和要求，可以采用不同的分类标志和分类方法。一般来说，包装工业部门多按包装材料、包装容器、包装生产方式进行分类。包装使用部门多按包装技法、包装适用范围、包装主要性能进行分类。商业部门多按商品经营范围、商品经营习惯、包装防护机理进行分类。包装科研和教学部门多按包装科研和教学体系进行分类。运输部门多按不同的运输方式、方法及在流通中的作用不同等进行分类。本书采用的是运输部门的分类。

二、包装的种类及其特点

根据选用的分类标志不同，运输部门常见的分类方法有以下几种。

（一）按照包装的位置与流通中的作用分类

1. 自包装

自包装又称为小包装，是直接接触商品，与商品同时装配出厂，构成商品组成部分的包装。如香烟盒、火柴盒、牙膏的铝管等。商品的自包装上有多种图案或文字标识，具有保护商品、方便销售、指导消费、便利使用的作用。

2. 内包装

内包装又称中包装，是贴近商品的包装，也指商品的内层包装。多为具有一定形状的容器，如牙膏盒、糖果的塑料袋等。内包装一般是由若干个单位商品的小包装组成小的整体包装。如十盒卷烟为一条，十盒火柴为一包等。在流通过程中与自包装共同起到促进销售、方便使用的作用，所以自包装和内包装也称为销售包装。

3. 外包装

外包装，又称为运输包装或大包装，指商品的外部包装。多为若干个商品集中的包装，如箱、袋、盒等。外包装上都有明显的标志，标明货物的名称、型号、规格、数量、重量、产地、指示标志等，在流通中主要起到保护商品、方便运输的作用，如图 3-1 所示。

图 3-1 常见的运输包装示例

4. 特殊商品包装

特殊商品包装一般是指工艺美术品、文物、精密仪器及车需品包装。这些商品由于本身价值昂贵，比一般商品包装要求更高、更严格，因此包装成本也更高。

（二）按照包装质量要求分类

1. 内销货物包装

内销货物的包装质量要求适合于国内中、短途运输，一般以内河航运、火车、汽车运输为主，市场销售以柜台销售为主要形式，包装的大小、内装物数量要与国内消费习惯和消费水平相适应。内销包装一般具有简单、坚固、经济、实用的特点。内销包装又可分为工业包装和商业包装两大类。工业包装是为了便于运输、装卸、贮藏的大包装。商业包装是为了促进销售和消费者使用的中小包装。

2. 进出口货物包装

进出口货物包装的包装质量要求适合于国际长途运输，一般以远洋航运、空运、火车和汽车集装箱运输为主，市场销售以超级市场为主要形式，包装的装潢、色彩、形式等要考虑商品销售所在国的不同习惯和特点。出口商品包装的保护性、装饰性、竞争性要求更高。

出口商品包装按照国际贸易经营习惯，一般分为储运包装和销售包装两大类。储运包装要求经济、适用、可行，能更好地满足长距离运输和水上运输的要求；销售包装除了保护货物的质量，更重要的是促进销售，提高商品的附加值和商品的竞争能力，要与当地的消费习惯、消费心理相适应。

（三）按照包装材料分类

1. 纸制包装

纸制包装是指以纸和纸板为原料制成的包装。凡定量在 $225g/m^2$ 以下或厚度在 0.1mm 以下的称为纸，定量在 $225g/m^2$ 以上或厚度在 0.1mm 以上的称为纸板。此类包装材料占整个包装材料使用量的 40%左右。纸类包装具有轻便、无毒、价廉，便于机械化生产、印刷，利于环境保护和资源回收利用等特点。一般包装纸以牛皮纸、纸袋纸、包装纸、玻璃纸为主。纸板制成的包装容器一般有纸板箱、瓦楞纸箱、纸盒、纸袋、纸筒、纸包等。常见纸制包装示例见图 3-2。

图 3-2 常见纸制包装示例

2. 塑料包装

塑料包装是指以人工合成树脂为主要原料的高分子材料制成的包装。主要的塑料包装材料有聚乙烯、聚氯乙烯、聚丙烯、聚苯乙烯、聚酯等。包装用塑料的消费量仅次于纸和纸板。常用的塑料包装容器主要有全塑箱、钙塑箱、塑料袋、塑料瓶、塑料盒、塑料编制袋等。虽然塑料品种繁多，塑料包装综合性能好。但塑料难于降解，要注意废弃塑料包装造成的环境污染问题。常见塑料包装示例见图 3-3。

图 3-3 常见塑料包装示例

3. 木材包装

木材包装是指以天然木材和人造板材制成的包装。木材包装具有坚固、耐冲击、耐挤压、不污染环境、可重复使用等优点，是重大件商品常用的包装种类。主要有木箱、胶合板箱、托盘、纤维板箱、木桶、胶合板桶等。常见木制品包装示例见图 3-4。

图 3-4 常见木制品包装示例

4. 金属包装

金属包装是指以黑白铁皮、马口铁、铝箔、钢板等制成的包装。金属包装主要有结实牢固、不透气、密封防潮性能好、易回收利用等优点；常用于运输的集装箱、金属桶，也常用于销售用的金属罐、金属盒等。

5. 玻璃包装

玻璃包装是以硅酸盐和各种金属氧化物等硅酸盐烧结而成的透明包装。玻璃包装能直接看到内容物，而且耐腐蚀、稳定性好、价格低廉、密封防潮、造型美观，是重要的包装材料。玻璃包装多以瓶罐为主，用于酒类、药品、化妆品、化学品等包装。

6. 纺织品包装

纺织品包装是以棉、麻、人造布、聚乙烯等天然纤维、人造纤维和合成纤维等材料制作的包装，以袋、包为主。常见的有麻袋、布袋、塑料编制袋等。常见纺织品包装示例见图 3-5。

图 3-5 常见纺织品包装示例

7. 其他材料包装

其他材料包装是指以竹、藤、苇、陶瓷、复合材料等制成的包装。主要有各种筐、篓、草包、坛、缸、罐等。

（四）按照作用不同

货物包装按照作用不同可以分成运输包装和销售包装。运输包装又叫大包装或外包装，销售包装又叫内包装或小包装。

货物因运输和保管的要求，常采用一定形式的包装，以适应内装货物的性质。就港口装卸和库场交接、堆码等而言，主要讲的是外包装。货物的运输包装，按形状和材料可分为以下几类：

（1）箱装。包括各种木箱、纸箱、铁箱。它是最常见的一种包装形式。密实的箱形能防外界潮气及杂物的污染。木箱因有足够的强度，能防止货物因碰撞、挤压、摔跌而遭受损坏。

（2）桶装。常见的有金属桶、塑料桶、鼓形木桶、胶合板桶、纸桶等。其中金属桶、塑料桶用于盛装液体或糊状及危险品货物。鼓型木桶是古老的传统包装，用于盛装盐渍肠衣等带有液体的货物。胶合板桶及纸桶用于盛装粉状、结晶粒或粗粒状货物。

（3）袋装。常见的有麻袋、布袋、塑料袋、人造革袋、多层纸袋及化学纤维袋。麻袋是轻便而坚固的优良包装，具有吸湿、透气性能，在使用中不怕挤压、摔跌，且能多次使用，是一般谷物常用包装。布袋、塑料袋、人造革袋及化学纤维袋，用于盛装化肥、矿沙及各种化工原料。多层纸袋是指用两层至多层牛皮纸制成，具有防潮能力，适宜装粉状、结晶状和颗粒状货物。如图 3-6 所示。

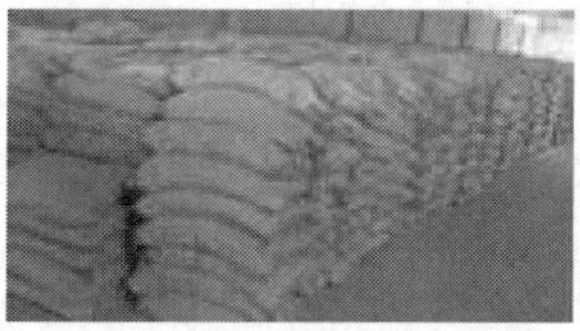

图 3-6　常见的包装形式

（4）捆装。许多货物如钢铁、铁皮、羊毛、棉花，布匹、纸张等，采用捆装形式的包装简单有效，既节省包装费用，又减轻包装重量，节省运费。如图 3-7 所示。

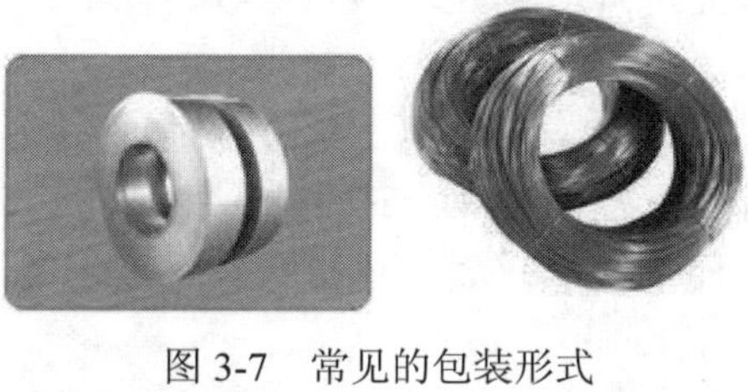

图 3-7　常见的包装形式

（5）筐篓装。这种包装是利用藤、竹、柳枝等较廉价的材料制做而成。适宜于盛装不怕受潮的零星杂货，以及需要良好通风的农副产品等。

（6）坛、罐、瓶装。如各种陶瓷玻璃容器和耐高压金属瓶等，适宜盛装酒类、其他饮料、榨菜等。

（五）按照商品包装的防护技术方法分类

现代商品包装技术主要是指为了防止商品在流通领域发生数量损失和质量变化，而采取的抵抗内外影响质量变化因素的技术措施，又称包装防护技法。流通环境是货物发生质量变化的外部因素，可分为气候条件、生物条件、化学物质、机械条件等。

货物包装防护技术应采取的措施有：

- 防止货物机械伤害，可采用抗震、缓冲、集合、收缩等包装；
- 防止货物丢失、人为事故，可采用防盗、密封、集合等包装；

- 防止货物发生化学变化，可采用真空、充气、脱氧、贴体、泡罩、防锈、防光、防潮等包装；
- 防止货物发生物理变化，可采用减震、隔热、耐寒等包装；
- 防止货物发生生理生化变化，可采用保鲜、气调、冷冻等包装；
- 防止货物发生生物学变化，可采用防霉、防虫、无菌、速冻等包装；
- 防止货物被有害、有毒、杂物污染，可采用防尘、密封等包装。

通常采用的包装技法有：

1. 防水、防潮包装

防潮包装是为了防止潮气侵入包装而采取的包装措施。空气中的水蒸汽超过一定限度时，会引起某些货物发生溶化、水解、霉变、腐烂、虫害、锈蚀等多种质量变化。包装的防潮性就是为了防止包装外部的高湿度向包装内的低湿度扩散。

防潮包装常用的措施主要有以下几种：

（1）密封包装。利用包装材料的透湿阻隔性能防止水汽侵入。此时应注意包装前的商品水分和包装材料本身的含水率要符合质量要求。

（2）涂布抗湿材料。在包装的内、外表面涂布油、蜡、塑料等抗湿物质。

（3）包装内装吸收水分的干燥防潮剂。如硅胶、泡沸石、铝凝胶、生石灰、活性炭等。

（4）真空、充气、泡罩等包装也可以阻挡外界潮气侵入。

2. 防锈包装

防锈包装是指防止金属及其制品与周围介质发生化学腐蚀和电化学腐蚀而采用的具有一定防护措施的包装。

防锈技法主要有：

（1）对金属及其制品表面进行防锈处理。如电镀、化学处理形成保护膜、涂漆、刷涂防锈油剂。

（2）延缓锈蚀过程。在密封包装内采用气相防锈蚀剂，利用防锈剂的挥发性产生能与水作用的缓蚀成分，在金属表面形成阻碍锈蚀反应的保护层。

（3）阻断有害介质与金属的接触。如塑料封存、收缩包装、充氮包装、加干燥剂等。

3. 防震包装

防震包装是指为了减缓内装物受到的冲击和振动，保护其免受机械外力损坏而采取的具有一定防护作用的包装技法。如用发泡聚苯乙烯泡沫、海绵、木屑、棉纸等缓冲材料包衬内装物，或将内装物用弹簧悬吊在包装容器里等。

比较常用的防震缓冲技法一般有以下几种：

（1）妥善衬垫。在包装的角端和商品之间填充缓冲防震包装材料。

（2）现场发泡。用聚氨醋塑料将商品封固在包装箱内。

（3）弹簧吊装。将商品用弹簧悬浮吊装在包装容器内，一般适用于要求防震性高的精密仪器。

（4）机械固定。将商品机械固定在包装框架或底板上，一般适用于重量较大的机械产品。

4. 防霉包装

防霉包装是指为了防止商品霉变而采取具有一定措施的包装技法。霉菌以孢子繁殖，当孢子落在商品或包装上，遇到适宜的温湿度条件，孢子就会生长发霉，并吸收商品或包装中的有机物作为营养物，使商品结构受到破坏，产生霉味、变色等质量变化。

防霉包装的主要措施有：

（1）降低包装内的相对湿度，使霉菌孢子不宜萌发。

（2）阻止霉菌孢子的侵入。如灭菌包装、密封包装、真空包装等。

（3）药剂防霉是防霉包装常用的方法，可在包装内喷洒适量的防霉药剂，杀死霉菌剂。

（4）气相防霉是在密封的包装中使用挥发性防霉药剂，由于气体扩散与渗透作用，因此防霉效果比较好。

5. 防尘包装

防尘包装是指为防止沙尘进入包装容器的包装。如将内装物或包装易进尘处用柔性纸包扎或用塑料薄膜袋套封等。

6. 防辐射包装

防辐射包装是指防止外界辐射线通过包装容器的包装。如将感光胶卷盛装在能够阻止光辐射的容器中。

7. 防盗包装

防盗包装是指为防止内装物被盗而设计的一种打开后会留下明显被盗痕迹的包装。

8. 防爆包装

防爆包装是指为防止易爆性内装物发生爆炸而采取一定防护措施的包装。

9. 防燃包装

防燃包装是指为防止易燃性内装物燃烧的包装。如在包装容器内衬以耐火材料，包装容器外涂刷防火材料等。

10. 防虫包装

防虫包装是指为保护内装物免受虫类侵害而采取一定防护措施的包装。如在包装材料中掺入杀虫剂，在包装容器中使用驱虫剂、杀虫剂或脱氧剂等。

11. 泡罩包装

泡罩包装是指将产品封合在用透明塑料薄片形成的泡罩与底板之间的一种包装方法。

12. 贴体包装

贴体包装是指将产品放在能透气的、用纸板或塑料制成的底板上，上面覆盖加热软化的塑料膜（片），通过底板抽真空，使薄片（膜）紧密地包贴产品，其四周封合在底板上的一种包装方法。贴体包装可以很好地保护商品，便于展销，多用于易碎日用器皿、玩具、小五金等。

13. 收缩包装

收缩包装是指用一种具有热收缩性能的塑料薄膜（经过拉伸冷却工艺）包装商品，送入加热室加热，冷却后薄膜按一定比例收缩，紧紧裹住被包装物。收缩包装广泛用于各种商品，外形美观、密封性好，能增加捆扎效果，具有通用性。

14. 拉伸包装

拉伸包装是指将拉伸薄膜在常温下拉伸，对产品或包装件进行裹包的一种操作。多用于托盘货物的裹包。

15. 真空包装

真空包装是指为了减少被包装物与空气中的氧气接触而发生生理、化学变化，而采用的方法。一般是将产品装入气密性包装容器里，抽去容器内部的空气，使密封后的容器内达到预定真空度的一种包装措施。

真空包装常用于食品保鲜，可以避免氧化变质，抑制霉菌、细菌生长；也可以用于纺织品，减小体积和避免折痕。

16. 条形包装

条形包装是指将一个或一组薄片、胶囊之类的小型产品包封在两层连续的节状包装材料之间，每个或每组产品周围热封合形成一个单元的一种包装方法。每个单元可以单独撕开或剪开以便于销售或使用。条形包装多用于医药产品。

17. 充气包装

充气包装是将产品装入气密性包装容器，用氮、二氧化碳等气体置换容器中原有空气的一种包装方法。充气包装可应用于食品和金属制品。

18. 无菌包装

无菌包装是将产品、包装容器、材料或包装辅助器材灭菌后，在无菌的环境中进行充填和封合的一种包装方法。可用于食品、药品的包装。

19. 透气包装

透气包装是指随着条件的变化（例如温度的改变），空气可以出入的一种闭合式包装。多用于具有呼吸作用的水果、蔬菜等的包装。

20. 现场发泡

现场发泡是在包装容器与衬有薄膜的产品之间的空隙处，注入能产生塑料泡沫体的原料，并通过化学反应形成紧包产品的泡沫体的操作。这种操作通常在包装的现场，用特别的发泡设备进行。

21. 喷雾包装

喷雾包装是将液体或膏状产品装入带有阀门和推进剂的包装容器中，当开启阀门时，产品在推进剂产生的推动作用下喷射而出的包装方法。喷射出来的产品有雾状、泡沫状、膏状等多种状态。多用于杀虫剂、空气清洁剂、香水等的包装。

22. 保鲜包装

保鲜包装是在规定的储存条件下，不用罐头包装方式，而采用具有特殊性能的包装材料和特殊结构的容器包装水果、蔬菜等食品，或对这类食品进行必要的化学、物理处理，使其在一定时间内保持色、香、味而采取一定防护措施的包装。

23. 隔热包装

隔热包装是为减少储运过程中包装件内与外界环境的热传递而采取一定防护措施的包装。如在包装容器内衬以隔热材料等。

24. 速冻包装

速冻包装是用耐冷、耐潮包装材料和速冻技术使冷冻内装物能在冷藏条件下较长时间储存的包装。多见于食品类的包装。

25. 儿童安全包装

儿童安全包装是一种保护儿童安全的包装，其设计结构使大部分儿童在合理时间内难以开启或难以取出一定数量有毒害的内包装物。常用于某些药品的包装。

26. 木夹板包装

木夹板包装是用上下两块木板将产品夹在中间并捆扎固定的包装。

27. 集合包装

集合包装是为了便于装卸、储存和运输，将若干包装件或产品包装在一起，形成一个合适的搬运单元。如集装箱、集装袋等。

28. 托盘包装

托盘包装是将包装件或产品堆码在托盘上，通过捆扎、裹包或胶粘等方法加以固定，形成一个搬运单元，以便机械设备搬运。

复习思考题

一、选择题

1. 下列具有保护商品、方便销售、指导消费、便利使用作用的包装是（　　）。

A. 自包装　　B. 内包装　　C. 外包装　　D. 运输包装

2. 包装按在流通中的作用不同可以分为（　　）。

A. 自包装　　B. 运输包装　　C. 销售包装　　D. 大包装

3. 下列包装材料中具有轻便、无毒、价廉，便于机械化生产、便于印刷，利于环境保护和资源回收利用等特点的是（　　）。

A. 纸与纸板　　B. 塑料包装　　C. 金属包装　　D. 玻璃

4. 适合盛装粉状、结晶状和颗粒状货物的包装是（　　）。

A. 袋装　　B. 桶装　　C. 箱装　　D. 其他类

5.（　　）是为了减缓内装物受到的冲击和振动，保护其免受损坏而采取一定防护措施的包装。

A. 防锈包装　　B. 集合包装

C. 防震包装　　D. 喷雾包装

二、思考题

1. 常用的包装材料有哪些？各自有什么特点？
2. 举例说明常见的包装容器适合什么类型货物？

第三节　商品包装标准化

一、商品包装标准与商品包装标准化

（一）商品包装标准

商品包装标准是指在生产技术活动中，对所有制作的运输包装和销售包装的品种、规格、尺寸、参数、工艺、成分、性能等所做的统一规定，称为产品包装标准。产品包装标准是包装设计、生产、制造和检验包装产品质量的技术依据。具体地讲，包装标准是为了取得商品包装的最佳整体效益，根据当前包装科学的理论与实践，在有利于商品生产、流通、销售、储存、保管、消费等的原则下，经过有关部门的充分协商和按照一定的审批程序，对包装的材料、尺寸、规格、造型、容量、重量、标志、试验、方法等所规定的技术性法规。包装标准一经正式颁发后，具有权威性和法律性。它既是衡量包装质量的技术依据，也是发生包装质量纠纷时的仲裁依据。

目前，我国的产品包装标准主要包括建材、机械、电工、轻工、医疗器械、仪器仪表、中西药、食品、农畜水产、邮电、军工等 14 大类。

我国商品包装的技术标准，目前一般分为三级：即国家标准、部标准、企业标准。

- 国家标准：是指全国范围内统一遵守的标准。国家标准代号为 GB（国标）；
- 部标准：是指带有全国性的专业范围内统一遵守的标准。部标准代号为 HY 或 ZY；
- 企业标准：是指在尚未规定国家标准和部标准的情况下，在一个地区、一个企业内统一的标准。企业标准代号为 Q/。

原则上，下级标准必须服从上级标准。各级标准实行分级管理。标准的制定要逐级报请上级主管部门批准后才能生效。国家标准一般由国家计量局批准颁发，特别重大的国家标准还要报请国务院审批。部标准由各有关部委批准颁发。企业标准由地方有关主管部门或企业审批。

包装技术标准可按商品类别分类：如纺织品包装标准；果菜类商品包装标准。也可按标准内容分类：如包装材料的技术标准、包装容器造型结构的技术标准、封装标准方法、包装检验要求的技术标准、印刷标志的标准等。

实施标准的目的一般表现在：通过产品标准，统一产品的型式、尺寸、化学成分、物理性能、功能等要求，保证产品质量的可靠性和互换性，使有关产品间得到充分的协调、配合、衔接，尽量减少不必要的重复劳动和物质损耗，为社会化专业大生产和大中型产品的组装配合创造条件。通过生产技术、试验方法、检验规则、操作程序、工作方法、工艺规程等各类标准统一生产和工作的程序和要求。保证每项工作的质量，使有关生产、经营、管理工作走上正常轨道。通过安全、卫生、环境保护等标准，减少疾病的发生和传播，防止或减少各种事故的发生，有效地保障人体健康、人身安全和财产安全。通过术语、符号、代号、制图、文件格式等标准消除技术语言障碍，加速科学技术的合作与交流。通过标准传播技术信息，介绍新科研成果，加速新技术、新成果的应用和推广。促使企业实施标准。依据标准建立全面的质量管理制度，推行产品质量认证制度，健全企业管理制度，提高和发展企业的科学管理水平。

（二）商品包装标准化

商品包装标准化是以制定、贯彻和修改、发布、实施商品包装标准的过程。具体地讲，包装标准化是指根据科学技术和生产力的不断发展，不断地完善、补充和提高商品包装标准，在生产、流通、技术、管理、储存、销售等各个环节中不断推行商品包装标准，使之定型化、规格化、系列化、最优化的活动。

标准化的主要形式有简化、统一化、系列化、通用化、组合化。

（1）简化：简化是在一定范围内缩减对象事物的类型数目，使之在既定时间内足以满足一般性需要的标准化形式。

（2）统一化：统一化是把同类事物两种以上的表现形态归并为一种或限定在一定范围内的标准化形式。

（3）系列化：系列化是对同一类产品中的一组产品同时进行标准化的一种形式，是使某一类产品系统的结构优化、功能最佳的标准化形式。系列化是标准化的最高形式。

（4）通用化：通用化是指在互相独立的系统中，选择和确定具有功能互换性或尺寸互换性的子系统或功能单元的标准化形式。

（5）组合化：组合化是按照标准化原则，设计并制造出若干组通用性较强的单元，根据需要拼合成不同用途的物品的标准化形式。

二、商品包装标准的制定原则与商品包装标准化的意义

（一）包装标准的制定原则与分级

包装标准的制定必须遵循以下几个原则。

1. 能充分发挥包装的各项功能与作用

包装标准的制定要从生产、运输、储存、保管和装卸、销售、消费等的全局出发，要有利于保证商品质量，促进生产的发展和商品的流通。要充分考虑各方面的使用要求，使生产者、经营者、消费者都能获得最高的效益。

2. 技术先进、经济合理

制定包装标准既要考虑现有的生产技术、科技水平，又要注意吸收国外的先进生产技术成就，同时还要符合国际标准化的发展趋势。标准制定的要求和方法是要保证国内大多数企业经过努力能够达到，做到宽严适度、繁简相宜。在经济上要合理，注意结合我国的自然条件，充分利用国家资源，注意节约生产、流通费用，降低成本，便于回收利用，节省能源消耗等。

3. 逐渐向国际标准靠拢

采用国际包装标准是世界各国包装标准化工作的发展趋势，将有利于促进国际经济技术交流，提高商品包装质量，扩大对外贸易。在标准的制定和修订中采用国际标准有两种方式：一种是等效采用，即不作修改或在技术上稍作改动；另一种是参照采用，即根据我国自然资源和经济、技术条件作某些改动，但其性能与质量指标仍与国际标准相当。国际标准化组织（ISO）下设有 144 个委员会，其中第 6、51、104、122 技术委员会均负责制定有关包装方面的标准。这些国际标准化技术委员会制定的许多包装标准已被我国采用。

4. 及时修订

由于生产技术的不断发展，新材料和新技术的不断出现，对于现有的包装标准，要根据技术和经济的发展，适时地进行修订。一般每隔 3～5 年要复审一次，予以确认、修改或废止。

我国的包装标准分为国家标准、专业标准和企业标准三级。一般下级标准不得与上级标准相抵触，下级标准应向上级标准过渡，各级标准采用分级审批程序，在相应的范围内贯彻执行。

（二）商品包装标准化的意义与作用

商品包装标准和标准化是现代化商品生产、流通和销售的必要条件，也是现代化科学管理和专业化大生产的重要组成部分。推行商品包装标准化可以达到统一包装材料、统一包装造型结构、统一规格尺寸、统一包装容量、统一包装标记、统一包装方法和捆扎方法，从而取得“科学、简化、安全、经济、高效”的良好效果。实行统一的包装标准，可以大大减少包装的规格型号，提高包装生产效率，便于商品的识别和计量，提高流通的效益与效率。统一包装标准，可以提高包装质量，节约包装材料，节省流通费用，有利于包装的回收复用，可带来较大的社会、经济效益。例如在“针棉织品包装”标准中（GB4856-48），对针棉织品产品的包装箱型、规格、技术要求、包装含量、装箱要求、封口、捆扎、验收规则、储存和运输要求都做出统一规定，使原来 1300 多种包装规格，减少到 27 个箱型，既保证了不同商品的需要，又避免了箱型繁多造成的运输困难和批发货物时不能快速清点数量。因此标准的推广实行会带来较大的社会效益和经济效益。

标准化的作用，主要表现在以下几个方面：

（1）标准化为科学管理奠定了基础。所谓科学管理，就是依据生产技术的发展规律和客观经济规律对企业进行管理，而各种科学管理制度的形成，都是以标准化为基础的。

（2）促进经济全面发展，提高经济效益。标准化应用于科学研究，可以避免在研究上的重复劳动；应用于产品设计，可以缩短设计周期；应用于生产，可使生产在科学和有序的基础上进行；应用于管理，可促进统一、协调、高效率等。

（3）标准化是科研、生产、使用三者之间的桥梁。一项科研成果，一旦纳入相应标准，就能迅速得到推广和应用。因此，标准化可使新技术和新科研成果得到推广应用，从而促进技术进步。

（4）随着科学技术的发展，生产的社会化程度越来越高，生产规模越来越大，技术要求越来越复杂，分工越来越细，生产协作越来越广泛，这就必须通过制定和使用标准，来保证各生产部门的活动，在技术上保持高度的统一和协调，以使生产正常进行。所以，我们说标准化为组织现代化生产创造了前提条件。

（5）促进对自然资源的合理利用，保持生态平衡，维护人类社会当前和长远的利益。

（6）合理发展产品品种，提高企业应变能力，以更好地满足社会需求。

（7）保证产品质量，维护消费者利益。

（8）在社会生产组成部分之间进行协调，确立共同遵循的准则，建立稳定的秩序。

（9）在消除贸易障碍、促进国际技术交流和贸易发展、提高产品在国际市场上的竞争能力方面具有重大作用。

（10）保障身体健康和生命安全。大量的环保标准、卫生标准和安全标准制定发布后，用法律形式强制执行，对保障人民的身体健康和生命财产安全具有重大作用。

三、商品包装标准的分类

我国的包装标准从内容的完备程度上可以分为两大类：一类是作为完整的包装标准单独发布的；另一类是在产品技术标准中，把包装的技术要求作为一项重要的内容，对于产品包装、运输、装卸、贮存与标志加以规定。包装相关标准主要包括包装管理标准、集装箱与托盘标准、运输储存条件标准。

我国的商品包装标准体系主要包括：包装基础标准和相关标准、包装材料及试验方法标准、包装容器及试验方法标准、包装技术标准、产品包装标准。

（一）包装基础标准和相关标准

包装基础标准包括包装名词术语、包装尺寸系列、包装标志、运输包装基本试验四大类。包装基础标准是包装最基本的标准，具有广泛的适用性，也是制定其他包装标准时所必须遵循的具体规定。

包装基础标准主要有：

- 《包装通用术语》（GB 4122-83）
- 《包装机械术语》（GB 5035-85）
- 《硬质直方体运输包装尺寸系列》（GB 4892-85）
- 《危险货物包装标志》（GB 190-85）
- 《包装储运图示标志》（GB 191-85）

- 《运输包装收发货标志》(GB 6388-86)
- 《运输包装件基本试验》(GB 48571-10)
- 《一般货物运输包装通用技术条件》 GB/T 9174-1988

(二)包装材料及试验方法标准

商品包装材料一般主要有纸张、塑料、金属、木材、玻璃、纺织品六大类及包装辅助材料：胶粘材料、涂料、油墨、捆扎和钉结材料、衬垫材料、盖塞材料、填充材料等。包装材料及试验方法标准对各类包装材料及辅料规定了不同容器的技术质量指标及相应的理、化指标测定方法，以及有关的卫生标准及检验方法。

(三)包装容器及试验方法标准

包装容器及试验方法标准对不同包装材料所制成的各种容器或同一材料包装不同商品的容器都制定有相应的技术指标、质量要求、规格容量、形状尺寸、性能测试方法等。

(四)包装技术标准

包装技术标准对各种防护技术的防护等级、技术要求、检验规则、用料选择、防护药剂、防护方法类型、防护性能试验都做出明确规定。

(五)产品包装标准

产品包装标准对某一具体商品提出包装用料要求、容器形状、尺寸、一般技术要求、包装含量、装填要求、包装标志、捆扎方法、验收规则、储存和运输要求等。此类标准有时单独制定，有时在相应的产品标准中的包装条款中提出。

四、商品包装的有关法规

据有关资料记载，公元 600 年至公元 1000 年间，随着商品度量制度的建立，古希腊有了早期关于重量和度量制度的法规，目的是为了保护商人利益和税收，同时，由于多起食品中毒事件使各国政府越来越感到制定相关法规的重要性。真正重视商品法规的制定与执行是工业革命发展的需求与推动，如《1906 年法令》即为美国政府制定的第一部关于食品与药品法令，于 1938 年对其进行了修订与补充，并改名为《联邦食品、药品和化妆品法令》。其内容突出了安全要求。不但对药品、食品和化妆品的添加剂使用量做了严格的规定，同时对该类产品的特别标准、各种填充物、包装材料等都有仔细的规定与要求；到 1958 年，又在细分基础上进一步制定出了《食品添加剂修正案》；1960 年制定了《危险品运输法令》，明确规定了危险品运输过程中的包装要求。随后，各有关法规还在不断完善。

新中国成立初期，由于商品经济不发达，对包装问题重视不够，更谈不上对包装立法，在出口商品包装方面只能参照有关国际包装的法规或相应国家的法规。近十几年来，我国包装行业有了飞速的发展，加强包装法规建设已提到议事日程。由中国包装协会起草的《包装管理条例》已实施，并草拟了《包装法》，使我国包装业逐步走上规范行列。1991 年试行的《出口商品运输包装检验管理办法》，1995 年 12 月 8 日国家技术监督局第 43 号令发布的《定量包装商品计量监督规定》等，以行政法规形式对出口商品运输包装的检验工作做了强制性规定，极大地提高了我国出口商品在国际市场的竞争力，提高了国家的信誉度。

(一)食品包装安全法则

关于食品包装的安全法则有很多。在美国与此相关的法则有《食品和药品法令》、《食品、药品和化妆品法令》，其内容有“禁止使用不卫生的包装”、“建立公平包装”、“装过毒品的容器不能装食物”等。美国于1986年通过了《公平包装标示法》，是有关包装的最完备的法规之一。该法令由三个专门部门执行与实施：食品和药品管理局（FDA），负责控制食品、药品和化妆品方面的包装问题；联邦贸易委员会（FTC），专门控制除FDA控制外的其他消费品包装问题；商务部（DOC）负责包装自动化标准。该法令强制性规定在包装标示中必须列出产品生产证明、产品类型、尺寸；容器内食品容量、配料成分、制造商销售商的名称及地址等。此外，对包装的计量单位及缩写也做了统一要求，如长度单位（寸、尺、码）、重量单位（加仑、品脱、奈尔）、液量单位（重量、盎司、磅）、面积单位（平方、立方、常衡）等。在包装的标示中还详细规定了陈列面要求、主要陈列面要求、主要陈列面中内容形式要求、文字与数字大小要求等。

除此之外，还有加拿大于1974年5月颁布的《消费品包装和标示法》；欧共体为协调各国法规间关系而订立的“指令”，主要以公报形式公布；中国香港地区于1985年通过的《1985年食物及药剂的修订规则》等。

我国卫生部及其他有关部委也颁布了一系列有关食用器具和包装材料方面的法规。例如：1965年，我国原商业部规定严禁使用由酚醛树脂制造的碗、盘、盆、碟、勺、奶瓶盖、调羹、口哨、烟嘴、烟斗以及盛装食品的盒子。1980年，原国家标准局对食品用塑料制品及原材料卫生管理做出了一系列规定。1982年，有关部门对使用食品包装蜡也制定了详细的管理标准。1983年，颁布了《中华人民共和国食品卫生法》，对食品卫生标准及管理办法、食品卫生监督及法律责任等都做了明确规定。1995年，根据市场发展情况又对其做了进一步的修订、补充，使其更充实、更完善、更符合当前的实际情况。

（二）包装的安全法规

保护消费者的安全是制定包装安全法规的宗旨。美国国会于1921年颁布了《有关腐蚀性毒物的法令》（FFA），这是美国第一个安全法规。1953年又颁布了《易燃织物法令》，对易燃织物的包装做出了规定。此后，相继公布了一系列有关法规，例如：《联邦危险品法令》（FHSA），由FDA监督执行；《玩具安全法》，对玩具包装及制作玩具的材料均做了相应的规定；《消费品安全法》（CPSA），其中包括“防止有毒包装”的内容，因该法十分重要，故被编入美国的《联邦法典字典》中；1970年制定的《防止毒害包装法》，对药品的包装进行了具体的法规规定，如对某些药品包装必须装上安全装置，制造商必须使药品的包装符合五个条件，药品包装盒必须是不能轻易打开的（尤其是儿童用药品），药品包装量应是不足以引起儿童伤害的量，药品包装应有安全措施，药品的不规则包装尽量由成年人使用。不属于以上限制范围的包装也应该有必要的警告标志。美国卫生部对“柜台出售商品”包装也做出相应规定，即应有保护性包装，拆封时需有痕迹。近年来，世界各国都对玩具安全给予了极大的重视，美国规定玩具包装必须标示有关内容以资安全。如必须标出年龄分组、使用说明、警告性标示、安全标示等。欧洲各国于1991年1月1日颁布《欧洲市场玩具安全法令》即加贴安全（CE）检验标志，目前，法国、西班牙等国已开始执行，其中法国对该项法令的实施最为严格，如对未标示CE标志的玩具在市场上销售，要处以2500～5000法郎的罚款。

（三）危险品的包装和运输安全法规

危险品是指易燃、易爆、有毒，具有腐蚀性、辐射性等的特种商品。1960年美国制定的《危险品运输法令》，1966年制定的《公共法规89-670》就是关于运输和装运危险品的法规，这些规定由危险品法规局监督执行。现行广泛实施的《国际海上危险货物运输规则》（IMDG

CODE)，《国际海洋运输法典》(SCCAS)，《国际民航组织指南》、《中型散装容器》(IBCS) 等，都是对危险品进行分类严加规范的具体法规。在这些“国际危规”中，将危险品划分为爆炸品、气体、可燃气体和固体、氧化体、有毒物质、放射性物质、腐蚀性物质，其他（如打火机、烟花爆竹等），并规定对不同的危险品要进行包装分组，即按危险品的级别、危险品所含浓度多少等加以区别，对各类型危险品所允许的包装容器及最大包装量都有一定的规定，对包装容器也有具体测试要求等。据资料反映，《国际海上危险货物运输规则》自 1965 年制定以来，其作为世界各国危险货物管理规章的蓝本，得到一致认可。1990 年 7 月在瑞士日内瓦举行的联合国危险货物运输专家委员会小组分委会第三次会议上，肯定了近几年使用的紧缠托盘、弹性缠绕、浅盘等包装形式，并做了补充规定，以进一步适应当前市场的需求。

复习思考题

一、名词解释

1．包装标准　　2．包装标准化

二、选择题

1．下列（　）是标准化的最高级形式。

A．简化　　B．组合化

C．通用化　　D．系列化

2．通用化是建立在（　）的基础上的。

A．重要性　　B．互换性

C．避免重复性　　D．简约性

三、思考题

1．什么是包装标准？

2．什么是包装标准化？

3．标准化的形式有哪些？

4．包装标准化的意义是什么？

第四节　货物包装标志

包装标志是一种包装辅助物，是指为了便于运输、储存、装卸、销售或使用，在商品包装容器上用醒目的文字和图形所做的特定记号和简要的说明。

在运输包装上印制的记号和说明通常称为货物的运输包装标志，如图 3-8 所示。常见的运输包装标志按作用不同可以分成运输包装收发货标志、包装储运图示标志、危险货物标志、原产国标志、国际海运标志等。在销售包装上印制的图形和说明通常称为销售包装标签或使用说明，标签的主要内容包括制造单位、产品名称、牌号、商标、成分、品质特点、使用方法、包装数量、贮藏和使用注意事项、警告标志、其他广告性的图案和文字等。

一、运输包装收发货标志

外包装件上的商品分类图示标志、其他标志和文字说明、排列格式的总称为收发货标志，又叫识别、辨认标志，常俗称为唛头（Mark）。收发货标志的主要作用是为了区分、识别不同票的货物，便于理货、计数、分票、交接，防止出现混票、混装、混卸等货差事故。一般可采用图案与文字相结合的形式。

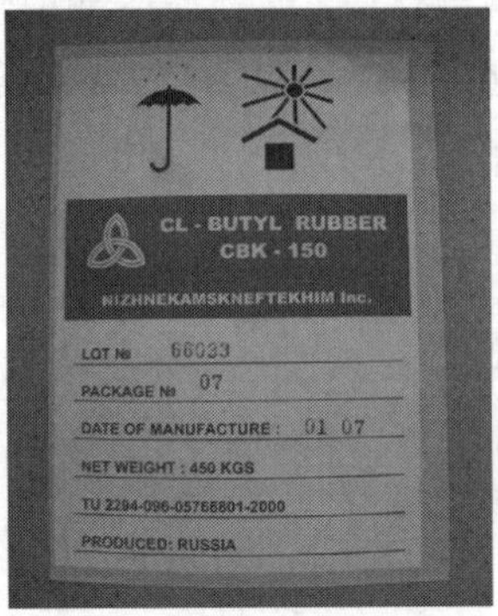

图 3-8 标志使用示例

运输包装收发货标志的内容一般包括：供货号、货号、品名、规格、数量、重量（毛重、净重）、生产日期、生产企业、体积、有效期限、收货地点和单位、发货单位、运输号码、发运件数、目的港等。在进出口货物中一般必须有的是：收货人的名称代号或英文缩写、发货人的名称代号和英文缩写、目的港（全称；如果不同国家有重名的港口，必须写上国别）、发运件数、重量、尺码等内容，其他可以根据需要适当选择。识别标志示例如图 3-9 所示。

发货符号
货物名称： 到达港： 收货人： 货物总件数： 起运港： 中转港：

说明：1. 规格：长 10 厘米，宽 6 厘米；
2. 制作材料应当采用耐雨淋的塑料、布料、纸料或者金属片，素色易辨认；
3. 发货符号应当粗大易认，收货人可写简称，字迹应当粗大；
4. 不得用铅笔填写。

图 3-9 识别标志示例

二、包装储运图示标志

包装储运图示标志是在储运过程中，对于怕湿、怕震、怕热、怕寒等有特殊要求的货物，为了防止货物残损而采用一定的文字和图形所做的特殊标记，又叫指示标志。其作用是反映货物的性质特点，提醒人们在装卸、保管、运输等过程中的注意事项，以保证货物的质量完好和数量完整。此类标志常见的有 16 种（见图 3-10），其图形、颜色、尺寸、使用方法等在相关标准中都有详细具体的规定。

图 3-10　指示标志图例（GB 191-2008《包装储运图示标志》）

三、危险货物标志

危险货物标志是在具有燃烧、爆炸、腐蚀、放射性等危险性货物的外包装上，用特定的文字和符号做的专门标志。目的是告诫人们危险货物在运输、保管和装卸等过程中的正确注意事项，以确保货物、船舶以及人身安全，防止危险事故的发生。危险货物标志的图形、颜色、使用范围、颜色、尺寸、使用方法等有国内与国际之分。

国际海上危险货物标志参照国际海事组织（IMO）所制定的专门图案。

国内水运危险货物适用国家标准《危险货物包装标志》（GB190-2008）。

图 3-11 列出了联合国危险货物运输标志。

合国危险货物运输标志

爆炸品
UN Transport symbol for explosives

不产生重大危害的爆炸品
UN Transport symbol for Class 1.4 Explosive substances which present no significant hazard

具有大规模爆炸性，但极不敏感的物品
UN Transport symbol for Class 1.5 Very insensitive substances which have a mass explosion hazard

图 3-11　联合国危险货物运输标志示例

不燃气体
UN Transport symbol for non-inflammable gases

易燃气体
UN Transport symbol for inflammable gases

有毒物品（第 2 类和第 6.1 类）
UN Transport symbol for poisonous substances (gases Class 2., other poisonous substances Class 6.1)

易燃气体（第 2 类）或者易燃液体（第 3 类）
UN Transport symbol for inflammable gases (Class 2) or liquids (Class 3)

易燃固体（第 4 类）
UN Transport symbol for inflammable solids (Class 4)

易自燃物品
UN Transport symbol for substances liable to spontaneous combustion

遇水释放出易燃气体的物品
UN Transport symbol for substances which, in contact with water, emit inflammable gases

氧化剂和有机过氧化物
UN Transport symbol for oxidizing substances and for organic peroxides

感染性物品
UN Transport symbol for infectious substances

放射性物品（第 I 级）
UN Transport symbol for radioactive substances, Category I

放射性物品（第 II 级）
UN Transport symbol for radioactive substances, Category II

放射性物品（第 III 级）
UN Transport symbol for radioactive substances, Category III

图 3-11　联合国危险货物运输标志示例（续图）

放射性物品
UN Transport symbol for radioactive substances

腐蚀性物品
UN Transport symbol for corrosive substances

危险性类别编号的位置：**
Location of serial number: **

第一类：爆炸物质和物品

(NO.1)
第 1.1，1.2 和 1.3 类
符号（爆炸的炸弹）：黑色；底色：橙黄色；数字“1”写在底角

(NO.1.4)
第 1.4 类

(NO.1.5)
第 1.5 类

(NO.1.6)
第 1.6 类

底色：橙黄色；数字：黑色；数字高大约为 30mm，字体笔画的宽度约 5mm（对于 100mm×100mm 的标志）；数字“1”写在底角

** 属于危险类别的位置——如果属于副危险性则留空

* 属于配装组的位置——如果属于副危险性则留空

图 3-11　联合国危险货物运输标志示例（续图）

第二类：气体

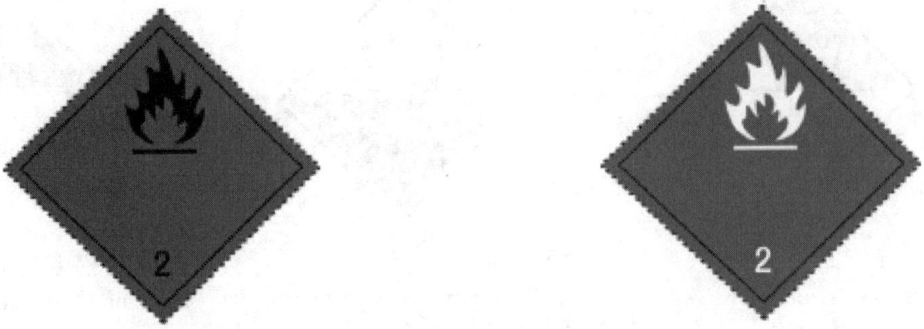

(NO.2.1)

第 2.1 类 易燃气体

符号（火焰）：黑色或白色；底色：红色；数字“2”写在底角

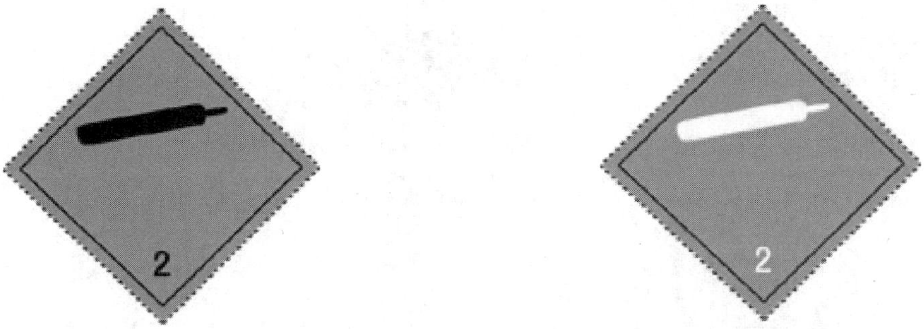

(NO.2.2)

第 2.2 类 非易燃，无毒气体

符号（气瓶）：黑色或白色；底色：绿色；数字“2”写在底角

(NO.2.3)

第 2.3 类 有毒气体

符号（骷髅和交叉的骨头棒）：黑色；底色：白色；数字“2”写在底角

图 3-11　联合国危险货物运输标志示例（续图）

第三类：易燃液体

(NO.3)

符号（火焰）：黑色或白色；底色：红色；数字“3”写在底角

第四类

(NO.4.1)

第 4.1 类 易燃固体

符号（火焰）：黑色；

底色：白色加上七条竖直红色条带；

数字“4”写在底角

(NO.4.2)

第 4.2 类 易自燃物质

符号（火焰）：黑色；

底色：上半部为白色，下半部为红色；

数字“4”写在底角

(NO.4.3)

第 4.3 类 遇水放出易燃气体的物质

符号（火焰）：黑色或白色；

底色：蓝色；

数字“4”写在底角

图 3-11　联合国危险货物运输标志示例（续图）

第五类

(NO.5.1)
第 5.1 类 氧化剂（物质）

(NO.5.2)
第 5.2 类 有机过氧化物

符号（圆圈上带有火焰）：黑色；底色：黄色；

数字“5.1”写在底角

数字“5.2”写在底角

第六类

(NO.6.1)
第 6.1 类 有毒物质
符号（骷髅和交叉的骨头棒）：黑色；
底色：白色；数字“6”写在底角

(NO.6.2)
第 6.2 类 感染性物质
标志的下半部可以标上“INFECTIOUS SUBSTANCE”（感染性物质）以及
“In the case of damage of leakage immediatey notify Public Health Authority”
（“如发生损伤或泄漏立即通知公共卫生机关”）的字样
符号（三个新月形符号沿一个圆圈重叠在一起）和文字：黑色；底色：白色；
数字“6”写在底角

图 3-11 联合国危险货物运输标志示例（续图）

第七类：放射性物质

(NO.7A)

I 级－白色

符号（三叶形）：黑色；底色：白色；

文字：（强制性要求），在标志的下半部分用黑体标出：

RADIOACTIVE（放射性） CONTENTS...（内容物名称） ACTIVITY...（强度为...）

紧跟“放射性”字样的后面标上一条垂直的红色短杠；数字“7”写在底角

(NO.7B)

II 级－黄色

(NO.7C)

III 级－黄色

符号（三叶形）：黑色；底色：上半部黄色加白边，下半部白色；

文字：（强制性要求），在标志的下半部分用黑体标出：

RADIOACTIVE（放射性） CONTENTS...（内容物名称） ACTIVITY...（强度为...）

在一个黑框里标出：TRANSPORT INDEX..（运输指数）

紧跟“放射性”字样的后面标上两条垂直的红色短杠

紧跟“放射性”字样的后面标上三条垂直的红色短杠

数字“7”写在底角

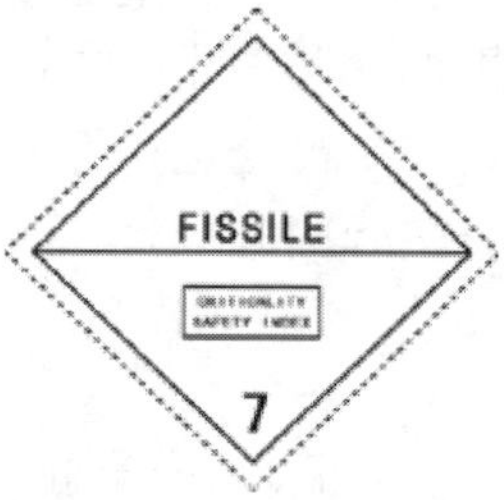

(NO.7E)

第 7 类裂变性物质

底色：白色；文字（强制性要求），在标志的上半部用黑体标出：

FISSILE（裂变性）字样：

在一个黑框内标出：Criticality Safety index......（临界安全指数）

数字“7”写在底角

图 3-11　联合国危险货物运输标志示例（续图）

第八类：腐蚀性物质

(NO.8)

符号（液体，从两个玻璃容器流出来侵蚀到手和金属上）：黑色

底色：上半部白色，下半部黑色带白边；数字“8”写在底角

第九类：杂类危险物质和物品

(NO.9)

符号（在上半部有 7 条竖直条带）：黑色；底色：白色；数字“9”写在底角

图 3-11　联合国危险货物运输标志示例（续图）

四、原产国标志

原产国标志是国际贸易中特殊需要的一种出口标志，又称地理标志。它是标注在货物包装上的制造国家名称，必要时还需要提供产地证明书来证明其来源国。它不仅是为了海关查验的需要，而且有的国家用法律强制规定需要检查这种标志。原因有：

（1）识别货物的制造出口国家，树立商品制造国家的商誉。

（2）许多国家实行贸易互惠原则或贸易歧视政策，对来自不同国家的进口货物，规定不同的关税税率。

（3）有些国家限制某一国家的货物进口，以防止被禁止进口的国家货物假冒其他国家的货物进口。

（4）大多数国家为保障本国利益和市场管理，有利于国内生产发展，防止进口货物与本国货物混淆等。

大多数国家对原产国标志实行严格的检查，对不符合规定的进口货物要处以罚款或加补原产国标志后，才允许进口。因此，在外贸货物的外包装上需标明这种制造国标志。我国规定出口货物一般都要注明“中华人民共和国制造”或“中国制造”，也有加注产区或企业名等。

货物标志的种类，在使用中可以根据货物合同规定、包装形式和运输规则等综合制作，适当增减。但是，运输标志、外贸货物原产国标志的内容必须具备。

五、国际海运标志

国际海事组织（IMO）对国际海运货物规定了国际海运指示标志和国际海运危险品标志。我国的出口货物可同时使用两套标志。

复习思考题

一、名词解释

1．标志　　2．运输标志

二、选择题

1．下列属于运输标志内容的有（　　）。

A．收发货人的名称代号　　B．目的港

C．易碎标志　　D．有毒标志

2．下列属于危险货物标志作用的是（　　）。

A．识别　　B．辨认

C．指示正确的作业方法，防止货损　　D．告诫危险性质，预防发生危险事故

3．三叶草形状的标志表示的含义为（　　）。

A．放射性　　B．有毒性

C．远离　　D．识别

4．标志按作用不同可以分成（　　）。

A．运输标志　　B．指示标志

C．危险标志　　D．原产国标志

5．在联合国危险货物运输规则里，下列标志中表示爆炸品的是（　　）。

A．

B．

C．

D．

三、思考题

1．标志的作用是什么？

2．标志按作用不同可以分成哪几类？

3．危险货物标志一般应具备哪些内容？

4．下面两个标志有什么不同？含义是什么？属于哪一类标志？此类标志的作用和一般应包含的内容有哪些？

第四章　货物的储存与保养维护

第一节　货物的储存

货物的储存是货物流通和运输中不可或缺的环节之一。储存是货物流通中的临时性的停滞，储存发挥的是“蓄水池”的作用。储存中货物的质量对流通全程有着至关重要的影响，因此加强储存环节的货物质量养护也是非常重要的。货物在储存中势必会涉及到堆存与保管两个步骤，具体的说包括货物的堆垛、垫垛、苫盖、隔票、理货、温湿度的控制、通风、进出货的顺序等，任何一个环节出现问题都会影响到货物的质量，有的甚至会引发危险。本章就从这几个方面探讨水运货物的注意事项与措施。

一、货物的堆存

货物的堆存本身含有两层意思。一是动态的堆，包括堆存的场所（露天还是室内库场）、堆垛的方法、垫垛的方法、堆垛的高度、苫盖的方法与材料等；二是动态的存，包括储存中的管理、质量的管理、数量的控制、进出库的理货、温湿度的控制、通风的方法与时机、密封的方法等。本节侧重介绍第一方面也就是堆的过程，其他的放到后面进行介绍。

（一）货物堆存场所的选择

货物堆存场所的选择依据是不同货物的性质差异。同时，还要最大限度符合商品存放规定，科学地、合理地利用仓容。仓容是指仓库能够用于堆放商品的容量，由仓库的面积和高度或载重量构成。

我们知道，货物发生霉变、腐烂、潮解、锈蚀、破碎等质量变化大多是由于货物本身的质量与所采取的措施之间不协调导致的，所以在选择合理的场所之前要先确定货物的主要性质。

1. 露天库场

适合在露天库场堆存的货物，应该是不怕或者说受风雨雪等气候因素影响较小的，抑或是采取适当苫垫措施就可以保证质量的，也可能是由于本身原因不适合堆放在库场内的。例如：煤炭、矿石、重大件货物、集装箱货物、大的金属制品（卷钢）等。如图 4-1 所示。

图 4-1　露天库场堆放货物示例

2. 室内库场

除了上述可以堆放在露天的货物外，大多数件杂货物都要选择库场内进行堆放，如图 4-2 所示。一般是怕湿的、怕热的、怕污染的或者贵重的货物等。如食品类、纺织品类、机电产品类、家用电器类、电子产品类等货物按要求都应放入室内库场。室内库场按照储存要求不同，还可以分成：通用仓库、专用仓库和特种仓库。例如：对质量要求较高的精密仪器类，要放在专门仓库里，农副产品类可以放在通用仓库内，而危险货物一般要根据《危险货物运输规则》选择满足条件的危险品专用仓库进行堆放。仓库内还要有满足条件的消防设施。

图 4-2 室内库场堆放货物示例

货物在库内的堆放，还要根据货物的性质差异，选择合适的场所，实行定位管理。除了上述事项外，还要注意不同性质货物之间的忌装。茶叶与调料都是食品类货物，都适合堆放在库场内，可如果把它们堆放在同一个库场内，势必会使得茶叶的质量下降。

（二）为了便于库存货物的管理和进出库的方便，必须实行分区分类、货位编号的管理方法

为了遵循商品存放地点的规定，合理存放商品，必须根据商品的自然属性和仓库的建筑设备条件，采取仓库分区管理，商品分类存放，并且按顺序编号。仓库分区管理就是以库存、货棚、货场为单位，将商品存放场所分为若干货区，货区按顺序编号，分区管理。商品分类管理就是根据商品大类和性能等划分为若干类别，分类集中保管。商品货位编号管理方法是在分区分类和划好货位的基础上，将存放商品的场所，按储存地点和位置的排列，采用统一标记，编列顺序号码，做出明显标志，以方便仓库作业的管理方法。货位编号的形式，是用四组阿拉伯数字代表四个位置。第一组数字为“货区”位置，按 1、2、3 顺序编号，并用油漆写在库房或货棚大门口和货物入口处；第二组为“排号”位置，顺序数码写在货位上方顶梁上或悬挂在顶梁上；第三组为“段号”位置，写在货架上或货垛上；第四组为“组号”位置，写在地面上或货架的货格上，或用标签插在商品的包装上。例如有一商品存放在第四号库房、第七排、第五段、第六组货位上，它的货位编号就可写成 4-7-5-6，清楚标出了商品的准确位置。

二、货物的堆码

货物进入库场，除了散装货物外，都必须堆垛。采用正确的堆垛方法，可以保证和维护商品、人身和设备安全，便于仓库作业、数量清点、先进先出、质量检查和商品养护，堆码商品时，必须根据商品的性能、包装形状和仓库设备条件，选择合理的垛形，并在安全、方便、节约的原则下合理堆放，增加单位面积商品的储存量。同时便于理货、交接，还可以充分利用

库场的面积，便于装卸、出货等。

（一）货物堆垛的要求

要使货垛能达到要求，必须遵循交通部制定的相关库场堆垛标准的规定，具体来说可以归纳为以下几个方面：

（1）合理使用机械、工具，不超负荷，不用手钩。

（2）坚持“五不”：不倒关、不超限、不超载、不亏车、不偏重。

（3）货垛整齐，成行成列；定量上垛，点清件数与关数，不同票的货一般不相压、不相围；考虑出货的方便，一般先出的后进、先进的后出，先堆里面，后堆外面。

（4）轻拿轻放、堆码整齐、重货不压轻货、木箱不压纸箱、箭头向上、破损挑出，车门车窗和敞车超过车箱部分袋口要朝里、车门要留出适当距离，起脊货物应起好脊、苫盖严密、捆绑牢，作业完毕应关好车门车窗、上好插销。

（5）散货避免撒漏、混质，装车完毕要平车，散油不跑、不漏、不冒、不混。

（6）作业中随撒随扫、随破随修，作业完毕做到“四清”：垛底清、道路清、机具清、车内清。

（7）危险货物的堆码要按照危险货物运输规则和危险货物标志正确操作。

（8）应合理利用仓容，并按防火规范留出“五距”，即墙距、顶距、垛距、灯距、柱距。

合理堆放有32字诀“不同品种，不同规格，分开堆码，不相混杂；合理垛距，走道宽度，分清次序，先进先出。”堆码要做到牢固——不偏不斜，确实稳定；定量——过目成数，便于检查；整齐——成行成列，标志在外；节省——节省货位，提高仓容；方便——装卸搬运检查，进出作业方便。

（二）货物的堆垛类型

常见的堆垛方法在第二章简单介绍过，重叠法、压缝法、纵横压缝法是三种最基本的堆垛方法。具体堆垛方法的选择，还要考虑货物的性质、批量大小、包装的质量、形状、特点、库场特点、保管的时间、季节等因素。常见的主要有：

1. 平台垛

平台垛可采用重叠法或纵横压缝法。特点是：垛型整齐，呈长方体或正方体，每层件数相同。优点是：货垛整齐，便于计数、理货，库场面积浪费较小。缺点是：重叠法堆成的货垛不够牢固，所以不能堆的太高；纵横压缝法堆成的货垛通风较差，对于有呼吸作用的货物不太适合。此种垛型适合于形状规则的包装或成组装货物，如箱装货、袋装货、成组装货物等，如图4-3所示。

图4-3　平台垛示例

2. 起脊垛

起脊垛又称为缩脚垛或收脚垛。此垛型可采用重叠法或纵横压缝法和压缝法的方法混合堆码而成。即在平台垛的基础上再压缝起脊，直到顶部收尖成为屋脊型。优点是露天堆存时易于排泄雨水，防止货物受到湿损。缺点是收脊部分不易清点件数。这种剁型适合于露天堆存的同规格的货物，便于苫盖排水。

3. 梯形垛

梯形垛可采用压缝法堆成。即把底层货件整齐排列后，从垛底向上每层两面减数收缩，也就是把上层的每件货物压在下层的两件货物之间。货垛两面呈梯形。优点是货垛相对比较牢固。缺点是库场面积浪费较大，不易清点件数。这种垛型适合于库场内外横卧或直立堆码的桶装货物，如图 4-4 所示。

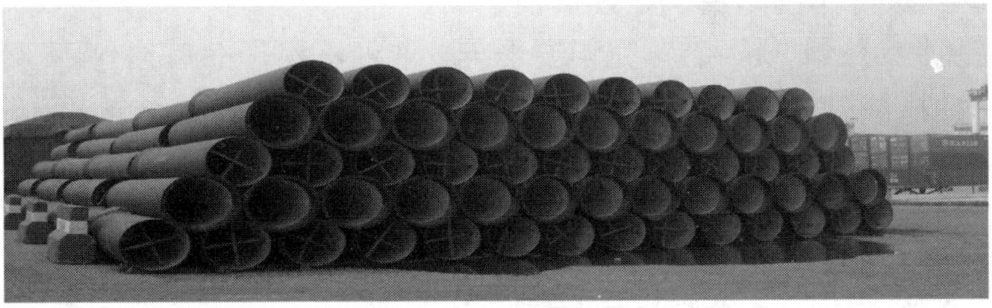

图 4-4 梯形垛示例

4. 宝塔型垛

宝塔型垛可采用两次压缝堆码而成。即把底层货件整齐排列后，从垛底向上每层四面减数收缩，也就是把上层的每件货物压在下层的四件货物之间。货垛四面呈梯形。优点是货垛相对梯形垛更为牢固。缺点是库场面积浪费更大，更不易清点件数。这种垛型适合于包装松软、光滑或外形不适合堆成其他垛型的货物。如缸、坛等类包装货物。

5. 行列垛

行列垛的特点是将每票货排列成一行或一列自成一垛。优点是便于理货、交接、计数、出货；缺点是每票货之间留出了间隔，所以库场面积浪费较大。所以适合于一票货物件数不多，包装形式各异的零星杂货。

6. 井型垛

井型垛是将货件一层横一层直的堆垛，每层或每两层件数相同。优点是货垛牢固，便于清点件数。缺点是操作较费工，场地宽度要求较大。如图 4-5 所示。

图 4-5 井型垛示例

案例：

以下是某企业制订的堆码标准可供大家参考：

严格按商品的品种、储存单位进行分垛堆码。

1. 商品堆垛时，应合理利用仓容，并按防火规范留出“五距”，即墙距不少于 0.8m，顶距不少于 0.5m，垛距不少于 1m，灯距不少于 0.5m，柱距不少于 0.5m，主要通道和宽度不少于 2m。

2. 堆码过程中，破、湿、污染包及时剔出，单独码放；并由专人随时对破损包进行串整，及时清扫散落在地的商品，减少商品的损失。

3. 商品堆垛必须稳固整齐，包口向里，四角成线，垂直地面，不超地坪负荷。商品包装上有堆码标志的，必须按标志上的规定进行堆码；一般情况下，100kg 麻袋装原糖，堆码高度不应超过 28 个高，50kg 编织袋装白砂糖、绵白糖，堆码高度不应超过 25 个高，而 50kg 编织袋装赤砂糖，堆码高度不应超过 22 个高。操作中可视具体情况做适当调整。

商品堆垛无论采取何种堆码方式，必须做到层批清楚，以利清点和拆垛作业。露天货垛商品的堆码，货垛必须在垛顶起脊形成坡度，做到无低凹处。

思考：

1. 堆码过程中，破、湿、污染包为什么要及时剔出，单独码放？

2. 赤砂糖和白砂糖的堆垛高度为什么要求不一样？差别在哪里？

三、货物的衬垫

衬垫的作用是保护货物不被压坏、汗湿，防止货物移动，保持货物通风，保持船体、甲板受力集中。衬垫的方法：

（1）舱底及各层甲板衬垫。在舱底及各层甲板装载包、捆货物和怕潮湿货物时，一般可铺垫木板一、两层。如铺一层要横向，即左右向铺垫；如果铺两层，下层要横向，上层要纵向。对易发热、腐败的货物，最好在木板上面加一层席子或帆布。舱口边缘、横梁下面铺几层席子或帆布，防止汗湿货物。

（2）舱壁及舷壁衬垫。一般可用席子、草片、帆布或木板等衬垫，以防止汗湿货物与壁板碰撞。垫垛要根据货物性质、堆放场所的设备条件来决定其使用的物料和方法。

（3）露天货场的货垛垫底。先要平整地面，周围挖沟排水，采用枕木、石块、水泥墩作为垫底材料；底层库房的货垛垫底，一般使用垫板、垫架、稻糠等物料，垫底物料的排列，要注意将空隙对准走道和门廊，以利通风散潮。垫垛的高度取决于货物的性质和地坪的潮湿程度，不同的库场一般都制定了专门的垫垛要求。露天货场垫垛高度一般在 30～50cm，库场内的垫垛高度一般在 20～30cm。

案例：

垫垛的标准可以自行根据库房和货物性质来制定，以下是某企业库房制定的垫垛标准，可以作为参考：

1. 商品堆码前，装卸人员须将存放商品的货位清扫干净，保管员根据所储商品的数量及养护性能等要求，决定堆码方案。

2. 货垛铺底有两种：

（1）库房内货垛铺底，先根据货垛的大小铺一层木排，在木排上铺两层苇席，苇席上铺一层塑料地膜，塑料地膜上再铺两层苇席；塑料地膜四周分别比垛底大出 1.5m。

（2）露天货垛先在地面上铺两层条石，条石高度不低于 0.4m，在条石上铺苇席和塑料薄膜，方法与库房内铺垫相同。

除以上铺垫方法外，视具体情况做适当调整，但必须保证隔潮、通风、排水性能好。

思考：

1. 为什么露天的垫垛要求比室内的高？
2. 垫垛时塑料地膜四周分别比垛底大出 1.5m 的目的是什么？

四、货物的苫盖

“苫盖”是指对堆码成垛的商品进行盖垛，是商品货垛的遮盖物，在露天货场，可保护堆码的商品避免受到日晒雨淋和风露冰雪的侵蚀；在库房或货棚内，可为堆码的商品遮光防尘，隔离潮气。

露天堆放的货物苫盖要求做到：刮风揭不开，下雨淋不着，垛顶有斜度，货垛牢固整齐。

苫盖时要根据货物性能、季节、风向、垛型等采取适宜的方法。雷雨季节对怕湿的货物、重大件货物尤其应注意苫盖，起脊垛型最便于苫盖。苫盖常用的物料有帆布、油布、芦席、油毡、塑料薄膜、铁皮、草帘等。

苫盖时应注意的问题有：苫盖前要检查所选择的苫盖材料跟货物的性质是否想抵触（如腐蚀品、氧化剂等危险品就不能用篷布苫盖），苫盖材料是否完好无破损，苫盖时要注意捆绑牢固、不露不漏，确保货物完好，雨雪停止后要及时排水，防止雨水渗入垛内损害货物。

案例：

以下是某企业制订的苫盖标准，仅供参考：

根据商品的保管养护要求和本地气候变化情况，对储存在露天货场的商品，采取如下苫盖标准：首先将铺底的塑料膜向上翻起，用线将其与商品包装缝牢，然后从垛顶用两层苇席苫盖，直到垛底，苇席重叠部分不少于 0.5m，并与商品包装缝牢；其次在苇席上再苫盖一层苫布，苫布连接处重叠部分不少于 1.2m，苫盖好后，将苫布四周用绳子与垛底拉环拴紧拴牢。做到“风刮不开、雨水渗不进、垛顶有斜度、货垛整齐牢固”，苫垫器材的缝、钉、系等都必须做到牢固。

对于库房内储存的商品，一般不苫盖，但塑料围子必须标高一致，与货垛栓挂牢固，货垛必须保持整洁、干净。

思考：

1. 苫盖的要求是什么？
2. 什么样的货物需要苫盖？需要苫盖的货物最适宜的垛型是什么样的？

五、货物的分票与隔票

分票即按票分清混票和隔票不清的货物。分票时，要求卸货港的理货员对混票货应尽量做到边卸边分票。如果确实不具备条件，也可在卸货后接票分清货物。

对于不同卸货港的货物、同包装不同收货人的货物、转船货物和过境货物，要分隔清楚，防止隔票不完全、界线不清楚、串货和混装现象。混票即不同票的货物混装在一起，不能按票正常卸货。

装卸港的理货员应认真负责地监督和指导装卸工组装舱积载及铺垫隔票，按票装船，一票一清，零星小票货集中堆放，同包装不同标志大票货和不同目的港的货物分隔清楚，按卸货港顺序装船，先卸的后装、后卸的先装。

隔票的方法可采用不同包装的货物进行自然隔票，也可用网格、帆布、席子、木板、绳、涂料、纸等物料进行、标记隔票。

复习思考题

一、选择题

1．下列适合露天堆存的货物有（　　）。

A．水泥　　B．煤炭
C．原木　　D．啤酒

2．下列属于起脊垛优点的有（　　）。

A．适合露天堆存　　B．计数方便
C．易于排泄雨水　　D．货垛比较牢固

3．具有呼吸作用的货物，在堆垛时适合的堆垛方法是（　　）。

A．重叠法　　B．压缝法
C．纵横压缝法　　D．通风垛

4．下列有关衬垫作用说法正确的有（　　）。

A．防止货物水湿　　B．防止不同货物混杂
C．防止外力碰撞　　D．防止货物被污染

5．隔票常用的方法有（　　）。

A．自然隔票　　B．物料隔票
C．标记隔票　　D．衬垫材料隔票

二、思考题

1．简述货物堆存时要注意哪些方面的问题。

2．试比较不同的码垛类型的优缺点及适用范围。

3．简述垫垛和苫盖的目的。

4．请尝试制定一个粮食企业仓库的堆码、衬垫标准。

第二节　货物的保管

货物在储存过程中可能发生各种质量变化，如破碎、锈蚀、老化、腐烂等，其根本的原因在于货物本身的成分与性质，但是货物的质量变化只有通过外界环境的各种因素的影响才会发生。为了实现货物的安全储存，在储存货物的质量管理中，要树立“预防为主”的指导思想，采取有效的综合措施，把能够影响货物质量的各种外界因素，尽可能地控制在最低的限度之外。

在保管时，应对所储存商品的质量进行保养和维护，贯彻“以防为主，防治结合”的方针，以保证商品的绝对安全。商品养护的主要措施是控制库房的温湿度，根据所储商品对温湿度的要求，严格控制库房内的温湿度。同时，还要保持仓库内外的清洁卫生，控制灰尘、杂草

等不良周围环境影响商品质量。彻底消毒灭菌，堵塞洞隙，防止虫蚁孳生，杜绝鼠患。另外，做好库存商品的检查工作，对日常储存货物的质量也是极为重要的。最后，注意搬运、堆码等技术操作安全，防止倒塌、破损、泄漏，防止发生人为事故。

因此，为保证货物质量，在货物储存与保管中，要注意做好货物入库、在库、出库这三个基本环节的衔接。

一、货物的入库

（一）货物入库前的查验工作

货物入库时的查验，主要是核对单证和货物在货物名称、品种、规格、数量等方面是否一致；同时还要查验货物的质量与数量是否完整，因为货物在入库前一般经过一段时间的运输、装卸，有可能已对货物的质量产生影响；另外，还应该检查货物的包装与标志是否符合要求，对承运前货物的验收更应侧重这方面的检查。对出现问题的货物，不得入库，要及时采取补救措施，并立即在货单上写明，以便查明原因、分清责任、妥善处理。

具体来说，货物入库验收的基本环节和要求如下：

1. 验收准备环节

要根据将入库货物的性质、包装、数量，来确定合适的堆存场所、垛型、苫垫材料、装卸工具、机械；准备好相应的计量和验收工具，如磅秤、流量计、卡尺等；确定保管方法；特殊货物要准备必须的防护用品与措施，如危险货物；进口货物应通知商检、动检、卫检等相关部门共同验收。

2. 认真核对凭证

在保管环节应核对的凭证一般有：存货单位提供的入库通知单、订货合同；供货单位提供的产品质量证明书或合格证书、装箱单等；运输部门提供的运单等。若在运输过程中或入库前，货物发生损失，必须补充记录，明确责任。

3. 验收环节

货物入库前的验收包括质量验收、数量验收、重量验收和包装标志验收等方面。货物质量验收一般通过对包装的验收来完成，对于包装损坏的，如变形、破损、潮湿、污渍等，要及时剔出，按规定单独堆存，并填好入库验收单，作为入库的凭证；要仔细核对货物的件数和重量。对于件杂货物，验收时要全部逐件点清；成套设备类，必须逐件查清，包括主机附件和随机工具。对于散装货物，须全部按重量查收。

（二）选择适宜的堆存场所

在选择堆存场所的时候要遵循“三一致”原则：货物性质一致、养护方法一致、消防方法一致。

不同的货物性质不同，对堆存的场所要求也有所不同。要根据货物的不同性质选择适宜的场所，以保证货物的质量。例如：吸湿性的、怕晒的、怕热的、怕雨淋的、清洁货、易锈蚀的、易霉变的、易潮解的一般要在库场内存放；污秽货物除水泥外，可以堆放在露天堆场；易腐货物在炎热季节要堆放在冷藏库内；贵重货物要放在上锁的保险仓库内；危险化学品要按照有关规定放在专门的危险品库内。同时，对于性质相互抵触的货物，也要根据要求堆放在相邻或不同的库场内。

（三）合理的堆垛

根据不同货物的包装类型、大小、种类、数量、堆放场所等选择合适的垛型，也是影响货物质量的主要因素。如露天堆存的货物最适宜的是起脊垛，便于苫盖和排泄雨水。

二、货物的在库

货物的在库管理是货物保管的中心环节，货物质量管理的好坏，与在库的保管水平有着直接的关系。

（一）做好在库货物的质量检查

对在库场内堆存的货物，建立一整套完善的检查制度是尤为重要的。检查的重点一般在货物的温度、水分、气味、包装等。只有加强检查才能及时发现和处理问题，避免发生大的货损货差事故。同时，还应实施安全检查，对库房的消防设备状态、仪表设备的运行情况、电源线路的使用状况以及卫生情况进行及时的检查，真正做到“预防为主，防治结合”。

（二）加强温湿度的控制

环境的温湿度是影响储存货物质量的主要因素，它影响的方法与渠道也是多方面的。

库场内温度过高，会加速货物的汽化速度，散失水分，造成重量损耗，质量下降；促进货物的呼吸作用以及微生物和害虫的繁殖，引起腐烂、变质等变化；液体货物会因体积膨胀而溢出，使得本身质量下降、数量减少，还可能污染别的货物；加速货物氧化和其他化学反应，引起货物变质，甚至引发危险事故。库场内的温度过低，某些货物也会发生变质现象。例如：水果的冷害、冻害；塑料、橡胶等高分子物质的发脆、龟裂；煤炭的冻结等。温度的骤然升降对货物也是有影响的，如玻璃的破碎、冷藏货物的质量下降甚至变质等。

库场内的湿度对货物也有较大影响。湿度过大，会使吸湿性货物吸收大量水气而增加水分，造成潮解、溶化、变质等；为货物的呼吸作用、微生物和虫害的繁殖提供了条件；促进了货物与水发生化学反应；还能使库房出汗和结露，造成货物汗损。另一方面，湿度较低，对某些货物也会产生不良影响。如新鲜水果的枯萎、木材及其制品的开裂等。

所以，要根据空气温湿度的变化，结合货物性质对温湿度的要求，来合理调节，加强控制，进而保证货物的质量。温湿度的控制方法与措施，在后面会详细介绍。

（三）加强环境卫生的管理

环境卫生状况也是影响库存货物质量的重要因素。环境卫生状况差，会使货物污损、滋生细菌，从而影响货物质量。所以，应定期清扫库场内外彻底铲除库房周围的杂草和垃圾，在必要时采取杀鼠灭菌、消毒等措施，保证货物质量。

三、货物的出库

在准备货物出库时，提货手续须齐备，要认真核查业务部门开具的提货单；对将要交付的货物，应仔细核对名称、规格、数量等与出库凭证是否相符，查看包装是否完整和标志清晰程度，货物质量是否完好。应当面对货物件数、残损进行点交点接，当发现货物件数与提货凭证件数不一或残损时，要分清责任，应持提货凭证到货运科与负责理赔人员查清原因。属于船方责任造成的，应通过船舶或货物代理人办理索赔。属于港方责任造成的，由货运科理赔人员出具货运记录与货主互相签认。库场理货员在交付货物时，凡一票货物提清者，必须当场与提货人员办理交接手续，收回提货凭证。如一票货物分批提取，对出库的同种货物，要符合先进先出、接近失效期先出、易坏先出的“三先出”原则。库场理货员必须在提货凭证上注明提货日期、提货件数并与提货人共同签字，仍将原提货凭证交提货人留存，待一票货提清后将提货凭证收回。

案例：

某企业的商品保管制度。

1. 铺垫标准

（1）商品堆码前，装卸人员须将存放商品的货位清扫干净，保管员根据所储商品的数量及养护性能等要求，决定堆码方案。

（2）货垛铺底有两种：

1）库房内货垛铺底，先根据货垛的大小铺一层木排，在木排上铺两层苇席，苇席上铺一层塑料地膜，塑料地膜上再铺两层苇席；塑料地膜四周分别比垛底大出1.5m。

2）露天货垛先在地面上铺两层条石，条石高度不低于0.4m，在条石上铺苇席和塑料薄膜，方法与库房内铺垫相同。

除以上铺垫方法外，视具体情况做适当调整，但必须保证隔潮、通风、排水性能好。

2. 装卸标准

（1）运货车辆所经路线，应事先清除各种障碍，夜间作业配备好照明设备，雨雪天应停止作业或视实际情况配备苫布及相应的安全措施，在确保质量的前提下进行作业。

（2）装卸商品时要轻取轻放，严格按包装标志进行操作，严禁野蛮作业。

（3）对破损包装，要及时检斤、串整、归垛，装卸作业过程中应尽量减少损失。

（4）装卸搬运设备，如运输车辆、传送带等，投入运行前要加强检查，确保安全运转，不损坏原包装，严禁违章操作，造成商品损失。

（5）坚持“安全第一、质量第一”的原则，严格按操作规程作业，做到不超高、不超载、安全用电。

（6）及时清整散落在地的商品，提高回收率，减少损失。

3. 堆码标准

（1）严格按商品的品种、储存单位进行分垛堆码。

（2）商品堆垛时，应合理利用仓容，并按防火规范留出“五距”，即墙距不少于0.8m，顶距不少于0.5m，垛距不少于1m，灯距不少于0.5m，柱距不少于0.5m，主要通道和宽度不少于2m。

（3）堆码过程中，破、湿、污染包及时剔出，单独码放；并由专人随时对破损包进行串整，及时清扫散落在地的商品，减少商品损失。

4. 商品入库作业规范

把好商品入库关，是确保商品储存质量完好的前提。入库时，应按如下规范作业：

（1）根据入库商品的性能、品种、数量、包装，做好入库前的准备。即准备货位，做好垛底的清扫和铺垫工作；检查库房门窗是否严紧，房顶是否漏雨，发现问题及时申报。

（2）对商品的品种、数量、规格、水份、包装等做好感观验收，并做详细记录。

（3）站台入库作业时，严格落实“站台保管－装卸队－仓库保管”三方签字验收制度，逐车对入库商品进行清点交接。

（4）商品入库时，保管员必须加强现场管理，指导装卸队按“商品装卸、苫垫、堆码作业标准”进行作业；做到按批逐层堆码，垛型规范整齐，层批清楚。

（5）及时剔出湿、卤及污染包，单独码放。对破损包及时串整，并随时回收。

及时填制垛卡，垛卡内容包括存货单位、入库时间、天气情况，商品名称、数量、规格、产地、装卸作业队等，做到账、货、卡三相符。

入库作业完毕，仓库保管必须及时清理作业现场，保持作业现场的整洁，并根据商品实收情况协同站台保管、运输人员办理商品入库签收手续。

露天垛商品入库作业完毕，保管员应监督装卸人员将货垛按标准苫盖整齐。经确认苫盖无误后方可离开作业现场，并及时将所用苫垫器材登记入账。

5. 商品保管养护规范

（1）加强商品的在库保管养护与检查。

坚持“一日三查”，检查的内容包括：商品状态是否正常，门、窗、通风孔有无异状，堆垛有无倾斜、压损包装或其他异状，库房有无异味、鼠迹或虫飞，各种消防、通风、吸潮、检测设备及防盗、防鼠工具是否齐全有效，是否存在易然物，露天垛是否苫盖牢固，苫布有无破损等，雨雪天气还应检查门、窗、通风孔及墙面、库顶是否漏雨、飘雪、渗水，食糖有无水湿受损等情况，发现问题及时申报处理，并做好记录。

（2）做好库房温湿度检测与调节。

坚持“早、中、晚”一日三次检查温湿度情况，并做好记录，加强分析。根据商品状况和室内外温湿度变化采取自然通风、强行通风、强行吸湿、密封等措施。使库房内温度控制在30℃以下，最高不超过35℃，相对湿度控制在60%以下，最高不超过70%。

（3）保持检测仪器的正常使用和灵敏有效。

对干湿球温度表，要定期更换纱布，一般情况下，应每月更换一次，温度高、湿度大的季节应每周更换一次，并保持水盂内的水清洁、充足，做好温湿度的检测和分析。

（4）保持储存区域的整洁卫生，做到库房无杂物，垛上无污迹。

坚持定期检查与季节检查相结合、全面检查与重点检查相结合的方法，确保在库商品的安全与完整。

按规定操作通风去湿设备，设备运行期间必须加强现场巡查，发现问题及时停机报修，严防设备带病作业，确保安全，并做好设备运行记录。

6. 商品出库作业规范

（1）保管员须认真审核《广通公司商品出库单》，审核内容包括提货日期、提货地点、商品名称、规格、数量、印鉴等，发现问题，不予付货。

（2）除非货主有特殊要求，否则按先进先出、易坏先出的原则办理商品出库。

（3）商品出库时，保管员必须严格执行我司的安全管理规定，严禁机动车进入库房。

（4）应逐批逐层按阶梯式组织拆垛付货作业，按批装车，并在《广通公司商品出库单》第二联“仓储保管”联后背书。

（5）商品出库期间，应及时清理，并对破损包及时串整，使库耗控制在0.3‰以内（因包装质量造成超耗的除外，但必须及时申报处理），回收率达到90%以上。

（6）提货人装车完毕，保管员应再次核对，确认无误后放行，并及时销垛卡。

出库作业完毕，保管员要及时清理现场，露天货垛须苫盖整齐、牢固。

（7）离开作业现场时，应切断电源并锁好库门。做好每个工作日的盘库工作，并做好记录。

复习思考题

一、选择题

1．下列属于“三一致”原则内容的有（　　）。

A．货物性质一致　　B．养护方法一致

C．消防方法一致　　D．货物品种一致

2．加强货物在库管理的内容包括（　　）。

A．加强日常检查　　B．加强温度控制

C．加强湿度控制　　D．加强环境卫生管理

二、思考题

1．如何加强货物的保管？

2．何为“三一致”原则？

3．如何加强货物的入库管理？

4．如何加强货物的在库管理？

5．如何加强货物的出库管理？

第三节　温湿度的控制措施

外界影响货物的因素很多，其中影响最主要和广泛的是空气的温湿度。各种货物对环境的温湿度都有一定的适应范围，超过了就会使货物的质量发生降低或损坏的现象，如潮解、融化、腐蚀、氧化、干裂、冻结等，有的甚至会引发危险事故。在水运中，外界环境温湿度的变化随季节变化更为严重，特别是远洋运输的货物，因为航行区域大，温湿度差别就更显著，给货物的质量和数量也带来更大的影响，这种影响有时会很强烈，甚至会引起对货物更大的损害。因此，控制与调节货舱、库房温湿度就成为保证货运质量的一个重要措施。

一、温湿度的概念和分类

（一）空气的温度

温度是表征物体冷热程度的物理量。温度只能通过物体随温度变化的某些特性来间接测量，而用来量度物体温度数值的标尺叫温标。它规定了温度的读数起点（零点）和测量温度的基本单位。目前国际上用得较多的温标有华氏温标、摄氏温标、热力学温标和国际实用温标等。

华氏温标（℉）规定：在标准大气压下，冰的熔点为32度，水的沸点为212度，中间划分180等分，每一等份为华氏1度，符号为℉。

摄氏温标（℃）规定：在标准大气压下，冰的熔点为0度，水的沸点为100度，中间划分100等分，每一等份为摄氏1度，符号为℃。

两者之间的转换公式为：

$$℉=℃*9/5+32$$

$$℃=5/9*(℉-32)$$

库房温度的控制既包括库房内外的温度变化，还包括控制储存货物的表面温度（垛温）。

（二）湿度的概念

湿度和温度很久以前就与人们的生活存在着密切的关系，但用数量来进行表示较为困难。我国湿度计测的历史可以追溯到公元前 179 年出现了最早的湿度计测(温度计测可追溯到有记载的希腊时代的温度计)。

1. 湿度

在计量法中规定，湿度定义为“物象状态的量”。日常生活中所指的湿度为相对湿度，用%表示。总而言之，即气体中（通常为空气中）所含水蒸气量（水蒸气压）与相同情况下饱和水蒸气量（饱和水蒸气压）的百分比。

2. 绝对湿度（Absolute Humidity）

在一定的温度条件下，单位体积（$1m^3$）的气体中含有水蒸气的质量（g），表示为 $D=g/m^3$。

温度对绝对湿度有直接影响，一般温度越高，绝对湿度就大；温度越低，绝对湿度就小。

3. 饱和湿度（Saturation Vapor Pressure）

饱和湿度是指每立方米空气里最多所能容纳的水蒸气的量。在一定温度条件下，空气中最多能容纳的水蒸气的量是有限度的，超过这个限度，多余的水蒸气就会凝结成水滴，这个限度称为该温度下的饱和水汽量，这时的空气湿度称为饱和湿度。空气的饱和湿度会随着气温升高而增大，温度不同，空气的饱和湿度也不同。在一定的温度条件下，空气饱和湿度是一个固定不变的常数，如表 4-1 所示。

表 4-1 不同温度条件下的饱和湿度表

温度（℃）	饱和水汽量	温度（℃）	饱和水汽量	温度（℃）	饱和水汽量	温度（℃）	饱和水汽量
-10	1.363	5	6.761	20	17.117	35	39.183
-9	2.548	6	7.219	21	18.142	36	41.274
-8	2.741	7	7.703	22	19.220	37	43.461
-7	2.949	8	8.215	23	20.353	38	45.746
-6	3.171	9	8.857	24	21.544	39	48.133
-5	3.407	10	9.329	25	22.795	40	50.600
-4	3.658	11	9.934	26	24.108	41	53.700
-3	3.96	12	10.574	27	25.486	42	56.500
-2	4.211	13	11.249	28	26.931	43	59.500
-1	4.513	14	11.961	29	28.447	44	62.500
0	4.835	15	12.712	30	30.036	45	65.500
1	5.176	16	13.504	31	31.702	46	68.800
2	5.538	17	14.338	32	33.446	47	72.200
3	5.922	18	15.217	33	35.272	48	75.700
4	6.330	19	16.143	34	37.183	49	79.400

相对湿度是表示空气中实际水汽量距离饱和状态的程度。相对湿度越大，表示空气中的水气量越接近饱和状态，空气就越潮湿，货物就越易吸湿，反之，货物就散湿。仅根据空气的绝对湿度和饱和湿度一般无法正确判断空气的潮湿程度。在绝对湿度相同的情况下，气温的变

化对相对湿度有很大的影响。

4. 露点温度（Dew Point）

露点温度简称露点，是以温度表示湿度的概念。露点温度是指绝对湿度不变的空气，当温度下降时，所含的水蒸气会逐渐达到饱和状态，达到饱和状态时的温度就是露点温度，简称露点。如果温度继续下降，空气里多余的水蒸气就会凝结成水滴，出现“汗水”。

汗水的产生会对货物产生较大的不良影响，为防止汗水产生，应保证环境温度比露点温度高。露点温度、空气的相对湿度和绝对湿度的大小，可以用干湿球温度计来测定，见表4-2。

表4-2 相对湿度和露点温度测算表

温度	干湿球温度差值																	
	0		1		2		3		4		5		6		7		8	
	相对湿度	露点温度	相对湿度	露点温度	相对湿度	露点温度	相对湿度	露点温度	相对湿度	露点温度	相对湿度	露点温度	相对湿度	露点温度	相对湿度	露点温度	相对湿度	露点温度
-5	100	-5	74	-9	48	-14	23											
-4	100	-3	75	-8	51	-13	27	-20										
-3	100	-3	77	-6	53	-11	31	-18	9									
-2	100	-2	78	-5	56	-9	35	-16	14									
-1	100	-1	79	-4	58	-8	38	-13	18	-19								
0	100	0	80	-3	60	-7	41	-12	22	-16		4						
1	100	1	81	-2	62	-5	44	-10	26	-14		9						
2	100	2	82	-1	64	-4	47	-8	30	-12		13						
3	100	3	83	1	66	-3	49	-7	33	-10	-20	17						
4	100	4	84	2	67	-1	51	-5	36	-8	-16	21	6					
5	100	5	84	2	68	0	54	-4	39	-6	-14	25	10					
6	100	6	85	4	70	1	56	-2	41	-4	-11	28	14	-20				
7	100	7	85	5	71	2	57	-1	44	-3	-9	31	18	-16	5			
8	100	8	86	6	72	3	59	0	46	-1	-7	34	21	-13	9			
9	100	9	87	7	73	4	61	2	48	0	-5	35	24	-10	13	-18		
10	100	10	87	8	74	5	62	3	50	2	-3	39	27	-8	16	-14	6	
11	100	11	88	9	75	6	64	4	52	3	-2	41	30	-6	20	-11	9	
12	100	12	88	10	76	8	65	6	54	4	0	43	33	-4	23	-9	13	-16
13	100	13	88	11	77	9	66	7	55	6	2	45	35	-2	25	-6	16	-12
14	100	14	89	12	78	10	67	8	57	7	3	47	37	0	28	-4	19	-9
15	100	15	89	13	78	11	68	9	58	8	4	49	39	1	30	-2	21	-7
16	100	16	89	14	79	12	69	10	60	9	6	50	41	3	33	0	24	-4
17	100	17	90	15	80	13	70	12	61	11	7	52	43	4	35	1	26	-2
18	100	18	90	16	80	14	71	13	62	12	8	53	45	6	37	3	29	0

续表

温度	干湿球温度差值																	
	0		1		2		3		4		5		6		7		8	
	相对湿度	露点温度	相对湿度	露点温度	相对湿度	露点温度	相对湿度	露点温度	相对湿度	露点温度	相对湿度	露点温度	相对湿度	露点温度	相对湿度	露点温度	相对湿度	露点温度
19	100	19	90	17	81	15	72	14	63	13	10	55	46	7	39	5	31	2
20	100	20	91	18	81	16	73	15	64	14	11	56	48	9	40	6	33	3
21	100	21	91	19	82	17	73	16	65	15	12	57	50	10	42	8	35	5
22	100	22	91	20	82	18	74	17	66	17	13	58	51	11	43	9	36	6
23	100	23	91	22	83	19	75	18	67	18	15	59	52	13	45	10	38	8
24	100	24	91	23	83	20	75	19	68	19	16	60	53	13	46	12	40	9
25	100	25	92	24	84	21	76	20	68	20	17	61	54	15	48	13	41	11
26	100	26	92	25	84	22	76	22	69	21	18	62	55	16	49	14	42	12
27	100	27	92	26	84	23	77	23	70	22	19	63	56	18	50	16	44	14
28	100	28	92	27	84	24	77	24	71	23	20	64	57	19	51	17	45	15
29	100		92	28	85	25	77	25	71	24	22	65	58	20	52	18	46	16
30	100		93		85	26	78	26	72	25	23	65	59	21	53	19	47	16
31	100		93		86	27	79	27	72	27	24	66	60	22	54	21	48	19
32	100		93		86	28	79	28	73	28	25	67	61	23	55	22	49	20
33	100		93		87		80		73		26	67	61	25	56	23	50	21
34	100		93		87		80		74		27	68	62	26	57	24	51	23
35	100		93		87		81		75		28	68	63	27	57	25	52	24
36	100		93		87		81		75			70	63	28	58	26	53	25

（三）库房温湿度的变化规律

空气的温度和湿度变化是有规律可循的。而一般来说，一年中，从冬到春、夏，气温逐渐回升，绝对湿度也逐渐增大；从夏到秋、冬，温度逐渐降低，绝对湿度一般也逐渐减少。而相对湿度的变化又取决于一天中温度的变化，一般来说，温度升高时，相对湿度减少，空气就干燥，反之亦然。因此，一天中，相对湿度最低的时候是午后 13～15 点前后，最高的时候是日出之前。

库房内的温湿度也有规律，并且与外界的环境温湿度变化有着密切的关系。库房温湿度除了具有与外界相似的变化外，还有自己独特的规律。比如：库房内角落的地方，通风效果不好，温度一般偏高；库内阳面一般比阴面温度高并且干燥；库房的上部一般比下部要干燥。有资料表明，当库内上部湿度为 65～80%时，地面和垛底部的湿度会在 85～100%；靠近门窗的位置相对比较潮湿；垛底通风效果不好时也会比较潮湿等。掌握这些规律，对于合理地控制库房温湿度是极为重要的。

（四）货物适宜的温湿度

标准温湿度状态：

- 标准湿度状态 1 级：相对湿度 65±2%
- 标准湿度状态 2 级：相对湿度 65±5%
- 标准湿度状态 3 级：相对湿度 65±20%

通常 3 级湿度状态为常湿。

- 标准温湿度状态 1 类：温度 20±1℃，相对湿度 65±2%
- 标准温湿度状态 2 类：温度 20±2℃，相对湿度 65±2%
- 标准温湿度状态 3 类：温度 20±15℃，相对湿度 65±5%
- 常温常湿：温度 20±15℃，相对湿度 65±20%。

二、空气温湿度的控制

空气的温湿度对货物的影响很大，而同时温度和湿度之间又有着密切的联系。所以温度与湿度的控制是不能分隔开来的。库场内温湿度的调节方法很多，比较有效的方法有：密封、吸湿、通风等。

（一）密封

密封是利用防潮、绝热、不透气、保温的材料，把货物整库、整垛、整舱、整件的封闭起来的方法。常用的密封材料有防潮纸（蜡纸、油纸）、油毛毡、塑料薄膜、稻谷壳等。采用密封法储存的货物，必须是质量完全正常，不需要呼吸的货物。密封是库场温湿度管理工作的基础，也是采用其他方法调节的前提条件。比较适合于怕潮湿的、易干裂的、没有呼吸作用的货物。

采取密封储存方法，必须要符合下列要求，才能保证货物的质量和数量：

（1）必须是质量合格、温度和含水量正常的货物才可以密封储存。如果货物本身的含水量已经超过了安全水分，必须在进行必要的处理后，才可以采用密封的方法。

（2）密封的时机要根据货物的性质和气候的特点来选择。如怕潮的货物应在梅雨季节到来前密封，怕散湿、干裂的货物应在干燥季节到来前密封。

货物密封后，要定期检查，若发现货物出现质量下降的现象时，应及时采取补救措施。

（3）密封所采用的密封材料要与货物的性质不抵触。

密封常用的材料有：

1）防潮纸。防潮纸是指具有防潮功能的纸。常见的有蜡纸、油纸、柏油纸等。主要用于密封包装。

2）塑料薄膜。塑料薄膜常用的有聚乙烯薄膜和聚氯乙烯薄膜。塑料薄膜的防水性能较强，使用方便，不透气，密封效果较好，成本低。因此使用范围越来越广。

3）油毡纸。油毡纸又叫油毛毡，是利用破布、废纸等为原料，或掺用部分动物毛、石棉等，通过熔融的沥青，热辊挤压后，撒上滑石粉或碎云母片制作而成的一种防水材料。油毡纸防潮性能良好，多用于垛底的衬垫防潮，是一种广泛使用的密封材料。

此外，还有稻谷壳、泡花碱、纤维板、芦席、河砂等常见的密封材料。

密封常见的几种形式：整库密封、按垛密封、货架密封、按件密封。

（二）吸湿和加湿

当库场内的湿度过低时，可以采用撒水或喷蒸汽的方法，提高湿度；当湿度过高，而外界环境又相对潮湿时，可采用吸潮剂吸潮。吸潮剂可分为吸湿剂和吸附剂两类。吸湿剂常用的有生石灰、氯化钙等；吸附剂对水有较强的吸附性，经烘干后仍可以重复使用，常用的有木炭、硅胶等。

（三）通风

库场或船舱内温湿度过高或过低时，都可以通过通风来进行控制，方法比较简单有效，但通风要受到外界环境的影响，更要选择合适的时机。

升降温的通风可以在外界温度比较高的午后或低的傍晚进行，而散潮的通风时机的选择相对比较繁琐，控制起来有一定的难度。具体来说，要考虑内外的温度差，内外的绝对湿度、相对湿度。最好的散潮时机应该是外界的绝对湿度低、相对湿度低，同时温度也低时。但如果短时间内库场进入大量的冷空气，会使得库场内的空气达到饱和状态而出现汗水，所以，在选择散潮时机的同时还要防止库场产生汗水。为防止汗水产生的通风要考虑内外的露点温度、温度的差值，最好的时机是外界的露点温度低，外界的温度高，最不适宜的通风时机是外界的露点温度高的时候。

由于库场内外的温湿度变化情况比较复杂，所以必须注意经常观测分析，才能选择适宜通风时机、通风时间长短和方法等。

通风除了上述的可以控制温湿度以外，还可以控制货物的呼吸作用、驱散危险性气体等。

复习思考题

一、名词解释

1．温度　　2．绝对湿度　　3．饱和湿度

4．相对湿度　　5．露点

二、选择题

1．在评价环境湿度时，常用的指标有（　　）。

A．绝对湿度　　B．饱和湿度　　C．相对湿度　　D．露点温度

2．在评价环境湿度的指标中，最能确切表明潮湿程度的指标是（　　）

A．绝对湿度　　B．饱和湿度　　C．相对湿度　　D．露点温度

3．常用的控制温湿度的方法有（　　）

A．密封　　B．吸湿　　C．加湿　　D．通风

4．下列关于通风目的的说法中，正确的有（　　）。

A．控制温度　　B．调节湿度

C．控制呼吸作用　　D．驱散危险性气体

5．在常用的控制温湿度的方法中，（　　）是最基础的。

A．密封　　B．吸湿　　C．加湿　　D．通风

三、判断题

1．一般说来，环境的温度越高，绝对湿度也越大。（　　）

2．要防止库房内产生汗水，就要保证库房里的温度低于环境的露点温度。（　　）

3．露点温度是用温度表示湿度的概念。（　　）

4．一般来说，环境的温度越高，饱和湿度也就越大。（　　）

5．通风降湿最好的时机是，外界环境温度高于库房内的温度，露点温度也高于库房内的露点温度的时候。（　　）

6．露点温度的测定可以用干湿球温度计。 （ ）

四、思考题

1．试比较湿度的四个概念之间的关系。

2．如何控制温湿度？

3．温湿度对货物的不良影响有哪些？

五、实训

请尝试自制一个干湿球温度计，测量学校实验室、图书馆或者教室的露点温度，通过跟踪观察、测量，验证汗水产生的条件。

将两支型号相同的温度表，并列地装在印有摄氏度读数的板上。一支温度表下端的水银泡上裹有纱布，纱布的下端浸在盛有清水的容器里，叫做湿球温度表；另一支温度表的水银泡是干的，和常用的温度表相同，用来测定空气的温度，叫做干球温度表。

因为纱布上的水分在蒸发时要吸收热量，所以湿球温度表的读数一般总比干球温度表的读数低一些。两温度表所示的温度差就称为干湿球温度差。由于蒸发的快慢和空气的相对湿度有关，相对湿度越小，越容易蒸发；相对湿度越大，也就是空气里的水汽趋于饱和状态，水就不容易蒸发。所以，知道了两温度表的读数差和当时的湿球温度，利用“空气露点温度测算表”，就可求出当时空气的相对湿度和露点温度。

注意：

1．干湿球温度表要悬挂在通气且阳光直射不到的地方。

2．湿球下端容器里要经常注加清水，不使其干涸。

第五章　常见大类货物的性质

第一节　纺织品类货物

商业部门通常根据经营习惯，将穿着类商品分为纺织品商品、针棉织品商品和服装商品三类。纺织品商品包括棉布、呢绒、绸缎、化纤布等梭织品商品；针棉织品商品是针织品、棉织品以及绒线类商品的总称；服装包括男式服装、女式服装等成品服装。这些常见的纺织品在我国的出口中占有绝对的优势，因此是比较常见的一类货物。本节就对常见的一些纺织品类从原料等的差异方面进行简要的介绍，找出这些纺织品类货物性质上的差异以及各自的防护措施，以保证其质量完好。

一、纺织纤维的分类

纺织纤维是指能加工成纺织品的纤维。纺织纤维为了满足穿着和使用的性能要求，必须具备舒适性、吸湿性、保温性、透气性等性能，这些是决定纺织品服用性能的主要指标。同时，纺织纤维要制成为纺织品还必须具备捻曲性。

以上是纺织纤维应共同具备的性质。但同时，不同的纺织纤维因用途和材料不同，表现出来的特性也是有差异的，下面就对纺织纤维进行简单的分类。

按纺织纤维的来源不同，纺织纤维可以分为天然纤维和化学纤维两大类。

天然纤维按来源不同，又可以分成：动物纤维和植物纤维。

化学纤维可以分成：人造纤维和合成纤维两类。具体的分类见表 5-1。

表 5-1　纺织纤维的分类

<table>
<tr><th>类别</th><th colspan="3">细类</th></tr>
<tr><td rowspan="4">天然纤维</td><td rowspan="2">动物纤维</td><td>毛发纤维</td><td>羊毛、山羊绒、兔毛、牦牛毛等</td></tr>
<tr><td>腺分泌物纤维</td><td>蚕丝纤维</td></tr>
<tr><td rowspan="2">植物纤维</td><td>种籽纤维</td><td>棉纤维</td></tr>
<tr><td>茎韧皮纤维</td><td>苎麻、亚麻、苘麻、剑麻等</td></tr>
<tr><td rowspan="7">化学纤维</td><td rowspan="3">人造纤维</td><td>粘胶纤维</td><td></td></tr>
<tr><td>铜胺纤维</td><td></td></tr>
<tr><td>醋酸纤维</td><td></td></tr>
<tr><td rowspan="4">合成纤维</td><td>聚对苯二甲酸已二酯</td><td>涤纶</td></tr>
<tr><td>聚丙稀</td><td>丙纶</td></tr>
<tr><td>聚氯乙烯纤维</td><td>氯纶</td></tr>
<tr><td>聚丙稀酯</td><td>腈纶</td></tr>
</table>

续表

类别	细类		
化学纤维	合成纤维	聚乙烯醇	维纶
		聚氨基甲酸酯	氨纶
		聚己内氨酯	锦纶

二、纺织纤维的性质

（一）羊毛纤维

羊毛一般指绵羊毛，羊毛去除杂质后的净毛是重要的纺织原料。羊毛纤维占世界纺织纤维总量的 5%左右。其中，澳大利亚的羊毛产量最高、品质最好，占世界羊毛产量的 1/3，中国的羊毛产量在世界上列第四、五位。羊毛纤维的主要成分是角朊，还含有少量的动物胶朊、色素和灰分，角朊和胶朊的主要成分都是蛋白质。角朊大分子有千余种，主要由 α—氨基酸的残基排列而成，连接较疏松，因而羊毛较柔软，手摸有温暖感。羊毛纤维呈细长柱体，有天然的卷曲，纤维外层有鳞片，横截面为圆形或椭圆形。

羊毛的性质如下：

1. 吸湿性

羊毛成分中含有较多的亲水基团，羊毛纤维本身又具有多孔结构，因此羊毛具有良好的吸水性，标准状态下的回潮率一般在 15%～17%，最大可以达到 40%，且手感还不感觉潮湿。羊毛吸湿后，重量加大，强度降低，为微生物的生长繁殖提供了条件。

2. 较好的保暖性和弹性

羊毛纤维具有鳞片结构和多孔性，一方面使羊毛具有较好的保暖性，另一方面使羊毛具有特有的弹性，因此用羊毛制成的服装不易发生皱褶和变形。

3. 较耐酸而不耐碱、氧化剂

羊毛纤维的耐酸性较好，在弱酸条件下较为稳定，当 PH 值大于 4 时，对羊毛不会产生明显的影响。

但羊毛容易被碱破坏，致使强度下降，颜色泛黄，光泽度下降，手感粗糙。实验表明，羊毛纤维在 PH 值为 8 的碱溶液中会发生破坏，但在 5%的氢氧化钠溶液中煮沸 10 秒就可以全部溶解。

氧化剂也容易使羊毛纤维出现强度下降、弹性降低、手感粗糙等破坏现象。

4. 易被虫蛀

羊毛纤维成分中 90%以上是蛋白质，因此非常容易被虫蛀，会降低羊毛的使用价值和质量。

5. 较耐日晒

羊毛是天然纤维中抵抗日光照射能力最强的。在正常条件下，羊毛经日光照射 1120 小时，其强度才会下降 50%。但长期照射，尤其是太阳光中的紫外线对羊毛纤维也有较大的破坏作用，会使羊毛的弹性、强度、色泽均有所下降。

6. 耐低温却不耐高温

羊毛在-50℃～-60℃的低温条件下，强度和弹性仍与常温下相当。

羊毛在温度高于 70℃时开始出现手感粗糙的质量变化；100℃～110℃时颜色开始变黄，强度下降；160℃～170℃时明显分解；220℃炭化；300℃时燃烧。

（二）蚕丝纤维

蚕丝包括桑蚕丝和柞蚕丝。桑蚕丝多为白色，光泽柔和，具有特殊的丝光性能，柔软且具有弹性，对人体无刺激，具有保健功能，是高级的纺织原料。柞蚕丝色泽淡黄，光泽柔和，强度、弹性、吸湿性和耐酸碱性均优于桑蚕丝，但染色性较差。

桑蚕丝和柞蚕丝的成分都是丝朊（又叫丝素），占到了 70%～80%，还有少量的丝胶、色素、灰分、水分等其他成分。

丝朊和丝胶的成分都是蛋白质，丝胶的存在可以降低蚕丝的吸湿性，提高抗污染性，但在织造的时候影响染色，所以在染色时要除去。未除去丝胶的蚕丝俗称生丝（见图 5-1），除去丝胶的蚕丝俗称熟丝。

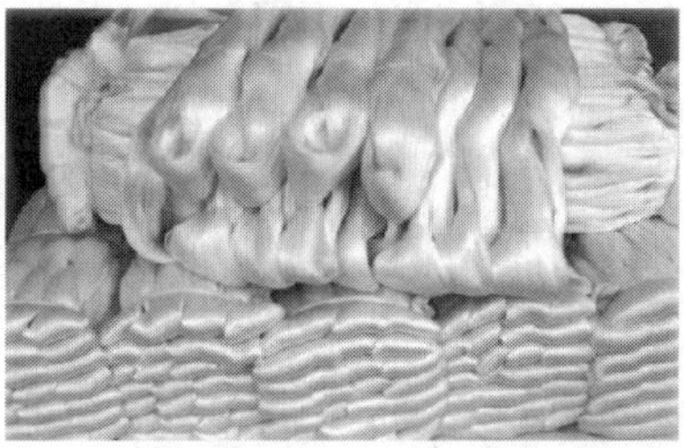

图 5-1　生丝

生丝常见的性质一般有：

1. 吸湿性

生丝属于多孔性物质，蛋白质本身又含有亲水基团，所以生丝的吸湿性较强，通常回潮率在 11%～12%，最多可以达到 35%，而手感并不潮湿。生丝吸湿后，强度会下降，在适宜的温度条件下会发霉变质，严重影响生丝的质量。

2. 怕污染

生丝是贵重的纺织原材料，被颜料、油脂及其他污染性货物污染后，会影响美观，降低使用价值，严重的会彻底丧失使用价值。

3. 怕酸碱和氧化剂、易被盐破坏

生丝怕强碱溶液，会使生丝纤维溶解；生丝对酸比对碱要稳定一些，但强度较大的酸（浓硫酸、浓盐酸等）在低温条件下也能很快使生丝纤维溶解，温度越高表现越强烈。

氧化剂对生丝的破坏力更强，可导致生丝纤维彻底分解。如漂白粉。

生丝在 0.5%的食盐溶液中浸泡 15 个月，其组织结构就会被完全破坏。盐会使生丝纤维变脆、强度下降、光泽度下降。

4. 怕虫蛀

生丝纤维的成分因含有大量的蛋白质，因此极易受到虫害破坏，导致纤维使用价值和质量严重下降，为了防止虫蛀，可以在运输途中加入樟脑。

5. 怕晒

生丝怕日光照射，尤其是日光中的紫外线对其的破坏是最大的。生丝经日光照射仅 200 小时，其强度就会降低 50%，在天然纤维中生丝的耐光性是最差的。在长时间的日光照射或暴晒下，纤维会变黄、变暗、发脆，手感粗糙，强度下降。

6. 耐热性较好

生丝的耐热性能比羊毛好，短时加热到 110℃时纤维强度没有显著变化。

7. 具有天然的丝光和丝鸣特性

生丝具有独特的丝光和丝鸣特性，可以用来鉴别生丝。

生丝具有其他纺织纤维所不能比拟的柔和的美丽的光泽，一般称之为丝光。丝光是丝内纤维平行排列和丝蛋白层状结构对入射光多层反射的结果。

干燥的生丝或丝绸制品相互摩擦，会发出一种特有的响声，这种现象叫丝鸣。

（三）棉花

棉花是一种重要的纺织原材料，在所有的纺织原料中占到了 60%左右，如图 5-2 所示。棉花纤维是一种种子纤维。横截面呈腰圆形，中间是中腔，含有少量色素和含氮物质；主要部分是纤维素层，成分是纤维素，约占到了纤维总量的 95%左右，纤维素层是多层纤维素组合而成的层间多孔；外面一层是表皮膜，成分是果胶；最外面是蜡质。

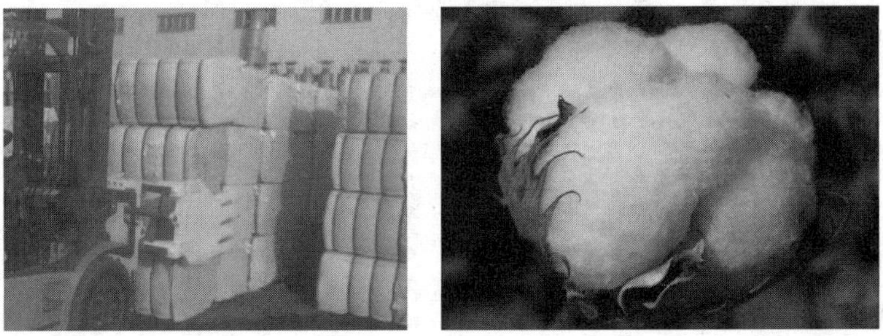

图 5-2　棉花

棉花的性质与它的成分结构有密不可分的关系，主要表现在：

1. 吸湿性

棉纤维中的纤维素，具有较强的吸湿性，同时，棉纤维本身又是多孔性物质，所以表现出了较强的吸湿性。棉纤维的回潮率一般在 8%左右，当达到 14%以上时，棉花容易发热霉变，使棉花失去光泽，变黑，强度下降，影响使用价值。

2. 抗霉性差

纤维素在高温高湿作用下，极容易感染霉腐微生物，使棉花发热、发霉、腐烂，强度下降，色泽度下降，染上黑斑，从而严重影响棉花的质量。

3. 保温性

棉花纤维结构中有大量的空隙，空隙中有空气，空气、纤维素本身都是热的不良导体，因此棉花具有显著的保温性能。

4. 易燃性

棉花是一种易燃物质，干棉花在《国际水上危险货物运输规则》中被列作易燃固体。燃烧具有三个条件：可燃物、助燃物、适宜的温度。棉纤维本身易燃，外层的蜡质和棉纤维结构中的空气为燃烧创造了助燃条件，棉花的保温性又使得温度能得以积累，当达到 230℃时，棉花就可以燃烧。棉花一旦起火，会迅速蔓延，不易扑灭。

5. 自燃性

自燃是指货物不需要外界点火就能自行燃烧的性质。棉花的成分与结构决定了其在一定条件下可能自燃。潮湿的、含油的、沾有易氧化物的、焦的棉花及其他动植物纤维在《国际海上危险品货物规则》中被列为易自燃物质。

6. 怕污染性

棉花是绒毛性纤维，极易沾染灰尘，容易造成污染，同时还为微生物的生存提供了条件，进一步可能会导致自燃。

7. 怕酸性

棉花纤维化学稳定性较好，对碱的抵抗力很强，但无机酸对棉花的破坏力很强，无机酸能分解棉花纤维，使其水解，强度下降。当然强酸对棉花的破坏力就更强了。

（四）化学纤维

化学纤维是指用天然或合成的高分子化合物为原料，经过化学加工和机械加工而制成的纺织纤维的总称。化学纤维可以分成人造纤维和合成纤维两大类。

虽然化学纤维的吸湿性、透气性、舒适性等远不如天然纤维，但也有一些天然纤维所不能比拟的优良特性。如弹性、强度、机械性能、耐磨性、化学稳定性、抗霉腐性、抗虫蛀等。所以化学纤维工业虽仅有百年的历史，但其发展速度是惊人的。目前，化学纤维总产量已达到世界纺织纤维总产量的50%以上，其中合成纤维占到了75%以上。

人造纤维又名再生纤维素纤维，是以某些天然纤维像棉短绒、稻草、甘蔗渣等为原料，经过化学加工和机械加工而获得的再生纤维。常见的有粘胶纤维、醋酸纤维和铜氨纤维等。其化学组成与原料基本相同，性质也大致相当，在此就不做过多介绍。

合成纤维是用煤、石灰石、石油、水、天然气等为原料，经过化学合成为高分子化合物，再经过化学加工和机械加工而制成的纤维。化学纤维常见的种类有涤纶、丙纶、锦纶、维纶、氨纶、氯纶、腈纶等。下面简单介绍几种常见的合成纤维的物理和化学性质。

1. 涤纶

涤纶是对聚酯纤维的统一商品名称。是合成纤维中产量最大的，约占世界合成纤维总产量的48%左右。

涤纶强度高、弹性和回弹性好，耐磨、耐热性能好，高温下的稳定性好（在100℃下加热20天，强度几乎无变化；加热80天，强度下降4%）；涤纶较耐酸、较耐日光，但不耐碱，是合成纤维中耐碱性最差的品种；吸湿性差；耐皱性好，是合成纤维中最好的。

2. 锦纶

锦纶是对聚酰胺纤维的统一商品名称，俗称“尼龙”。

锦纶的耐磨性能好、强度高、回弹性好，均居合成纤维之首。其强度是棉纤维的2～3倍，羊毛的4～5倍。在伸长10%时，回弹率高于90%。锦纶的比重小，约为棉纤维的1/3，在合成纤维中仅大于丙纶；锦纶不耐酸、不耐光和热，吸湿性也较差；抗皱性能也不及涤纶。

3. 腈纶

腈纶是聚丙烯腈纤维的统一商品名称。又称开士米纶，性质近似羊毛，有“合成羊毛”之称。腈纶弹性好，结构蓬松、柔软；耐日光性好，居合成纤维之首；耐热性好；较耐酸；比重轻；强度较好。但耐磨性差、吸湿性差、耐碱性差、是合成纤维中最不耐碱的品种。

4．维纶

维纶是聚乙烯醇缩醛纤维的统一商品名称，又称“维尼龙”。性质近似棉花，又称“合成棉花”。维纶的强度高，耐磨性好，耐日光性好。其耐磨性高于腈纶和羊毛，略逊于涤纶。

维纶的回弹性差，容易起皱；耐酸性较差，吸湿性最高，回潮率仅为5%左右。

复习思考题

一、名词解释

1．回潮率　　2．纺织纤维　　3．丝光

二、填空题

1．纺织纤维按照来源不同可以分成________和________两种。

2．化学纤维按照来源不同可以分成________和________两种。

3．棉花的性质有________、________、________、________、________、________。

4．________合成纤维有“合成羊毛”之称。

三、选择题

1．下列属于羊毛性质的有（　）。

A．耐酸性好　B．耐碱性好　C．耐日光性好　D．吸湿性

E．手摸有凉感

2．下列属于人造纤维的有（　）。

A．生丝　B．醋酸纤维　C．腈纶　D．粘胶纤维

3．下列天然纤维中抗日光照射时间最长的是（　）。

A．羊毛　B．蚕丝　C．棉花　D．腈纶

4．下列合成纤维中产量最大的是（　）。

A．维纶　B．铜氨纤维　C．涤纶　D．氯纶

四、思考题

1．简述纺织纤维的分类及性质差异有哪些？

2．试述生丝纤维的性质有哪些？

3．论述棉花在水运中应如何防止货损货差？

第二节　金属制品类货物

自然界中的金属元素的含量非常丰富，经过冶炼和加工可以得到钢、铁、铝、锌、锡、铜、金、银等金属及其合金。金属有着比非金属更为显著的性能，所以在工农业生产、建筑、交通、国防乃至人们的日常生活中都是非常重要的原材料。

一、金属的分类

（一）钢

钢可以分成碳钢和合金钢两种。

碳钢是碳素钢的简称，又可称为普通钢。含有碳和铁两种主要元素（其中，碳元素占到0.03%～2.11%），除此之外，还含有硅、锰、磷、硫等成分。碳钢按照含碳量的不同，可以

分为低碳钢、中碳钢和高碳钢三种。碳钢的不同成分的含量会极大地影响钢的性能。含碳量越高，碳钢的硬度和脆性就会越大，就越不适合压延、锻打等机械加工；硅能提高钢的硬度和弹性；锰能提高钢的硬度和强度；磷和硫是有害成分，能引起钢的脆性增大，可塑性和耐腐蚀性能降低。

合金钢是在碳钢里有目的地加入了镍、铬、钼、钨、钛等金属而制成的钢。这些金属的加入，提高了碳钢在某些方面的性能。例如：铬合金钢，强度、耐磨性、韧性都比普通钢要好，含铬量超过了13%的铬合金钢还有较强的耐腐蚀性。

（二）铝

纯铝是一种银白色的固体，因为铝的化学性质非常活泼，所以不能游离于自然界中，在空气中能迅速氧化而生成一层氧化膜，这层氧化铝薄膜可以起到一定的保护作用，防止铝进一步被侵蚀。因此，铝含量在98%以上就可以称为纯铝。纯铝的质地较轻，仅为铜的三分之一；导热、导电性能较好，常用作拉丝来代替铜线做电线。纯铝的硬度和强度较低，不耐磨压，容易被强酸碱腐蚀破坏。含铝量在98%以下，并且杂质含量超过2%以上的叫做生铝，质硬脆，不耐碰击。

铝合金的密度与纯铝相似，但有更好的强度和硬度，同时还有较好的耐腐蚀性和工艺特性，所以应用更为广泛。铝合金的种类有几百种，目前比较常用的是铝锰合金。

（三）铜

纯铜又称为紫铜，也称电解铜，是一种浅玫瑰红的金属，在空气中能形成一层致密的氧化膜，较耐氧化腐蚀，但在潮湿的空气中则会很快变暗，生成毒性极大的浅绿色铜化合物。

黄铜是铜锌合金，耐腐蚀性能良好，强度高。

青铜是铜锡合金，耐腐蚀，有良好的铸造性，是一种古老的合金。

（四）金属制品的种类

金属制品的种类很多，运输量较大的有各种钢材、铸铁制品和日用金属制品等。

（1）钢材：普通钢可以分为型钢（圆钢、方钢、槽钢、角钢等）、板型钢（厚钢板、薄钢板，又叫卷钢）、钢管、钢丝（盘圆）等。

（2）日用金属制品：建筑用小五金（钉子、合页、插销、拉手、锁等）、日用刀具和手工具、日用金属器皿等。

二、金属及其制品的性质与特点

金属及其制品的种类繁多、性质差异很大，在此我们简单加以归纳。

1. 金属比重大，积载因数小

金属一般比重都比较大，除了铝相对较轻之外，一般属于重货，所以积载时应与轻货搭配，装载在船舱底部或底舱，对于体积长大的，满足要求的可以装载在舱面上。装载时要注意底部的衬垫，防止船舶的局部损伤；要注意捆绑加固，防止金属制品的移动。卷钢一般采用压缝法堆垛，两端对着船舷；钢管、槽钢等长大件，在舱内应顺船首尾方向堆放，若采用井型垛，横向的两端要衬垫好，防止碰伤船体。装卸时要操作平稳，注意安全，避免违章作业。

2. 较强的锈蚀性

大部分金属都不耐酸碱腐蚀，在潮湿的空气中也容易腐蚀。

金属的锈蚀主要是由化学变化和电化学变化引起的。化学锈蚀，是金属及其制品在干燥或潮湿的空气中，受到氧气等氧化物的直接作用，在金属表面形成氧化物而导致的破坏现象。电化学锈蚀，是金属及其制品在潮湿的空气条件下，由于水蒸气凝聚在金属表面形成水膜，空气中的氮、氧、二氧化碳、氨气、氯化氢等结合，形成了电解质溶剂，进而在水膜与金属表面形成了电极差，电子就会通过金属向阴极流动，导致金属表面被破坏。

所以金属的存放场所应该相对干燥，并且与酸、碱、盐、化肥等化工产品不能同舱装载，与酸、碱、盐类以及气体、粉末等物质要隔离存放，与含水量高、湿度大的货也不宜同舱积载。有些金属受潮后不但质量下降，还会产生危险。例如：铝粉、镁粉、锌粉等受潮后会产生大量热量与易燃气体，硅铁受潮会产生有毒、易燃的磷化氢气体。

3. 易变形

金属相对比较坚固，不大容易受到外力作用发生变形。但金属制品的形状、成分、环境因素的综合作用，使得某些金属容易变形。碳素钢在低温条件下会变脆，受到外力作用很容易变碎；纯铝制品质地较软，容易受到硬质残屑和外力撞击而出现变形；卷钢开卷等都属于变形，都会对这些金属的质量产生影响。

4. 其他特性

青铜在潮湿和低温条件下，容易生锈，并且会像瘟疫一样在铜制品中蔓延，俗称“青铜病”；涂有防锈油的小五金在温度较高时会渗油，污染别的货物；建筑用的钢皮、钢丝等金属制品忌油等。

金属及其制品的性质是多方面的，影响其质量的因素也是多方面的，必须结合具体的金属种类、包装、标志以及气候条件、航程、船舶、库场等综合因素加以考虑。

复习思考题

一、填空题

1. 碳钢按照含碳量不同可以分成________、________、________三种。
2. 金属及其制品的性质一般有________、________、________、________。

二、选择题

1. 卷钢正确的堆垛方法是（　　）。
   A. 重叠法　　B. 压缝法
   C. 纵横压缝法　　D. 井型垛
2. 下列与碳钢忌装的货物有（　　）。
   A. 尿素　　B. 水泥　　C. 棉花　　D. 茶叶
3. 下列属于金属制品变形的有（　　）。
   A. 生铝铸件断裂　　B. 小五金渗油
   C. 青铜病　　D. 卷钢卷边
4. 金属制品的锈蚀属于（　　）。
   A. 物理变化　　B. 化学变化
   C. 机械变化　　D. 电化学变化

三、思考题

1. 金属及其制品在水运中哪些环节可能会出现货损货差？如何预防？

2．金属及其制品的哪些性质会对货运安全产生不良影响？如何预防？

3．列举金属及其制品常见的忌装货物有哪些？

4．金属制品锈蚀的原因有哪些？应如何预防？

第三节 食品类货物

食品类货物种类繁多，本节着重介绍茶叶、糖、卷烟、酒类。

一、茶叶

茶叶在我国有着悠久的历史，我国是世界上最早利用茶叶的国家。茶叶是重要的经济作物之一，是我国传统的出口商品。茶叶的成分主要有茶甘宁、咖啡碱、芳香油、水、蛋白质、维生素、矿物质、糖、色素等。

（一）茶叶的种类

（1）茶叶按照加工方法不同可以分成初制茶和再加工茶。

初制茶按照发酵程度不同可以分成红茶、绿茶、乌龙茶、花茶、白茶、黄茶等。

1）红茶是一种全发酵茶。其主要的品质特征是干茶色泽乌润，汤色和底叶红亮，香气馥郁，滋味醇厚。红茶按照品质和制法不同可分成工夫红茶、小种红茶和碎红茶三种。常见的有祁红、滇红、川红、英红等。

2）绿茶是一种不发酵茶。汤色清澈明亮，香气清爽，滋味浓醇，收敛性强。绿茶根据干燥方法不同可以分成炒青茶、烘青茶、晒青茶三类。如龙井、碧螺春、云雾、黄山毛峰、君山银针、崂山绿茶等。

3）乌龙茶是一种半发酵茶，介于红茶和绿茶之间。香气和滋味既有红茶的甘醇又有绿茶的鲜浓，汤色棕红明亮，叶底具有绿叶红镶边的特点。如铁观音、武夷岩、水仙、乌龙等。

4）花茶是我国特有的茶类，是在成品茶的基础上经窨制而成的茶。香气鲜郁，带有浓重的花香气息，浓郁清高，滋味浓醇，汤色清澈、淡黄、明亮，叶底细嫩、匀净。如茉莉花茶、桂花茶、玉兰花茶、玫瑰花茶等。

5）白茶是一种微发酵茶。

再加工茶，是在初制茶的基础上加工而成的。常见的有紧压茶。紧压茶又叫砖茶、茶砖、黑茶。主要销往边疆及少数民族地区。主要特点是体积小，便于运输、储存。

（2）茶叶按照采摘季节不同分为春茶、夏茶、秋茶。

（二）茶叶的性质

（1）怕污染性。茶叶是一种副食品，对卫生性的要求非常高，要求包装材料、堆放场所清洁、干燥、无异味，与污秽货物不能堆放在同一库场或船舱内。

（2）吸湿性。茶叶的多孔性结构和亲水基团的存在，使得茶叶具有较强的吸湿性。当茶叶吸收水分超过 12%时，就会变软、香气减退，如不及时采取措施就会发霉变质，严重影响茶叶的食用质量。茶叶存放的场所，相对湿度要求不要超过 80%，包装要严密不透气。

（3）吸附性。茶叶的多孔性结构和果胶质的存在还使其具有较强的吸附性，尤其是对于异味表现尤为突出。茶叶吸附异味后会降低茶叶原有的香气，严重的会彻底丧失使用价值。

（4）怕热怕晒性。干燥的茶叶受热受晒后，会散发水分，使茶叶干燥易碎、香气下降，茶叶颜色改变。时间证明，温度每升高 10℃，茶叶色泽的褐变速度会增加 3～5 倍，如果茶叶在 10℃以下环境存放，可以较好地抑制茶叶的褐变进程。因此，存放茶叶的适宜温度一般为 15℃，并且要避光放置。

（5）陈化性。茶叶的质量一般会随着存放时间的加长而逐渐下降，特别是在不适宜的存放条件下，会出现色泽灰暗、香气变淡甚至消失有异味、汤色浑浊等现象，这种变化就称为茶叶的陈化。茶叶陈化是一种氧化，与外界的温湿度、阳光照射、空气中的氧气、包装密封程度差等都有关系，所以应该重视茶叶的保管。

二、糖类

食糖是重要的生活资料，是糖果、饮料、罐头等的原料，也是人体必须的三大营养元素之一，是人体能量的直接提供者。食糖的主要成分是蔗糖，含有还原糖、水分、灰分等。如图 5-3 所示。

图 5-3　甘蔗与糖

（一）食糖的分类

（1）按照原料分：制糖的原料主要有甘蔗和甜菜两种。其中，最主要的是甘蔗，占到了 80%左右。

（2）按照制糖方法分：粗制糖（如原糖、赤砂糖等）、精制糖（如白砂糖、冰糖等）。

（3）按照经营习惯分：白砂糖、绵白糖、赤砂糖、红糖、冰糖、方糖等。

（二）食糖的性质

（1）吸湿性。蔗糖在常温下较稳定，吸湿性不大，但还原糖具有很大的吸湿性。食糖吸湿后易潮解溶化，甚至淌出糖浆，容易污染别的货物。存放食糖的库场，湿度一般不超过 75%，温度一般不超过 30℃。

（2）易溶于水。食糖的溶解度较大，在室温下，一份水能溶解三份的蔗糖，并且还会随着温度的升高而增大。这势必加大了食糖的淌浆。

（3）结块性。食糖的结块原因有三：重压久压、受热或受冻结块、干燥结块。食糖结块后给装卸带来困难，还容易导致包装破裂。

（4）吸味性与散味性。食糖是重要的食品原料，感染异味会严重降低质量。粗制的甘蔗糖或多或少留有甘蔗本身的清香味，也容易感染别的货物。

（5）怕污染性。食糖被污染会严重降低食用价值，所以与其他的污秽货物、液体货物不能装载在一处。

（6）易燃性。食糖的燃点是 400℃，一般不易燃烧。但蔗糖在潮湿闷热的条件下，经过化学分解会发酵生成酒精；粗糖往往采用麻袋作包装，一旦遇到火星就会引起燃烧。实践中多次发生此类事故。所以，食糖装卸、保管、运输时要严防各种火种。

三、烟

（一）烟的分类

香烟又叫卷烟，是以烟丝为原料，配以糖料、香料等添加剂，用卷烟纸按照一定的规格卷制而成的副食品。烟通常有以下几种分类方法：

1. 按照烟草的调制方法

（1）烤烟：就是把烟叶放在烤房中加温烘烤，使烟叶干燥，有明显的烤烟香味。主要用于烤烟型卷烟，是高档香烟的主要原料。

（2）晒烟：就是把烟叶放在竹制折夹内利用日光的温度晒干。是雪茄烟的主要原料。

（3）晾烟：通常是把烟叶悬挂在绳索上晾干。主要用于混合型卷烟，如雪茄烟等。

（4）混合型：以烤烟、晾晒烟为主要原料，加入香料，烟气中有烤烟和晾晒烟混合的协调香味。

（5）雪茄型香烟：以晾晒烟丝为主要原料，烟丝中具有雪茄烟的香味。

2. 按照加工程度

可以分成烟草、烟丝、香烟制品（卷烟、斗烟、雪茄烟、水烟、鼻烟等）。

3. 按照外观特征

可以分为滤嘴烟与过滤嘴烟两种。

（二）烟的性质

（1）吸湿性。香烟干燥且结构疏松，在潮湿的空气中容易吸收空气中的水分，使烟丝发软，颜色变暗，香气变弱，甚至发霉、变质，影响质量；在干燥的空气中又容易散发自身的水分，变得干燥易碎。所以香烟适宜的储存条件是，相对湿度在70%左右，温度在20～40℃。

（2）易霉变。烟的含水量一般在12%，香烟一旦吸收水分并超过安全水分后，容易发霉变质，引起质量下降。

（3）怕晒性。香烟在日光照射下，一方面会散失水分，变脆进而易碎；另一方面会使烟丝的颜色变得暗淡、香气减弱，所以香烟应远离热源和日光照射的地方。

（4）吸味性和散味性。香烟有浓郁的烟草气息，容易感染其他的货物，同时它也能被别的有异味的货物感染，所以一般单独存放。

（5）怕虫蛀。烟丝或烟叶受到虫蛀，会影响烟的形态，进而影响烟的质量。

复习思考题

一、选择题

1．下列与茶叶忌装的有（　　）。

A．烟　　B．棉纱　　C．天然橡胶　　D．食盐

2．下列与香烟忌装的有（　　）。

A．新鲜水果　　B．椰干　　C．化肥　　D．生皮

3．香烟适宜的积载舱位是（　　）。

A．舱面　　B．舱内　　C．深舱　　D．底舱

4．下列属于茶叶性质的有（　　）。

A．吸收异味性　　B．散发异味性　　C．陈化性　　D．怕晒性

5．下列属于茶叶陈化影响因素的有（　　）。

A．高温　　B．潮湿　　C．包装严密　　D．异味侵蚀

6．下列茶叶中属于绿茶的是（　　）。

A．广东英红　　B．铁观音　　C．茉莉花茶　　D．碧螺春

二、思考题

1．运输中如何保证茶叶的质量不下降？

2．什么叫茶叶的陈化？如何控制茶叶的陈化？

第四节　高分子类物质

高分子物质就是那些分子量特别大的物质，由千百个原子彼此以共价键结合的形式形成相对分子质量特别大、具有重复结构单元的有机化合物。

高分子化合物，一般是以煤、石油、天然气等为起始原料制得低分子有机化合物，再经聚合反应而制成的。这些低分子化合物称为“单体”，由它们经聚合反应而生成的高分子化合物又称为高聚物。

高分子分为天然高分子和人工合成高分子，天然橡胶，棉花等都属于天然高分子。人工合成高分子主要包括：化学纤维、合成橡胶和合成树脂（塑料），也称为三大合成材料。此外，大多数涂料和粘合剂的主要成分也是人工合成高分子。人工合成高分子又被称为聚合物（Polymer）。

高分子物质有个共同的结构特性，即都是由简单的结构单元以重复的方式连接而成的。这种结构单元被称为链节。链节间连接的方式不同，所形成的高分子物质也不同，其性质会有很大差别。

一、塑料及其制品

塑料是以树脂为主要成分，在一定温度和压力下塑造成一定形状，并在常温下能保持既定形状的有机高分子材料。

（一）塑料的分类

（1）按塑料的用途分：通用塑料（聚乙烯塑料、聚氯乙烯塑料等）、工程塑料（聚甲醛塑料、ABS 塑料等）、耐高温塑料等。

（2）按受热特性分：热固性塑料（如酚醛塑料、脲醛塑料和密胺塑料等）、热塑性塑料。

（二）性质

1．怕热性

除了耐高温塑料和热固性塑料外，一般的塑料都不耐热，受热后，塑料制品就会变形损坏。因此，一般塑料制品在储运中应避免热源，温度一般不应超过 40℃。

2．易老化

塑料制品在氧气、温度、湿度和阳光等的作用下，会出现变色、变硬、发粘、失去透明度等质量下降的现象，这种现象被称为老化。老化是高分子有机物的通病。

3. 怕晒性

塑料及其制品在太阳下暴晒，会导致老化。在老化的诸多成因中，阳光中的紫外线的破坏力是最大的。所以在塑料的运输与储存中，防止日光照射是极为重要的。

4. 防霉变

塑料制品因为在加工过程中，加入了稳定剂、纸浆等填料，容易引起发霉变质等现象，进而加剧塑料的老化。因此，必须保持储运环境的干燥。

5. 溶解性

塑料制品属于高分子有机物，因此都较易溶解于有机溶剂。如酒精、乙醚、氯仿等。同时，酸碱盐等物质也会使得塑料制品表面出现溶胀等腐蚀现象。

6. 易燃性

塑料制品都表现了较强的易燃性，并且一旦起火较难熄灭。

二、橡胶及其制品

橡胶是一种具有高弹性能的高分子有机物，广泛地运用于工业、农业、国防、交通、运输、机械制造、医药卫生领域和日常生活等方面。如交通运输上用的轮胎；工业上用的运输带、传动带、各种密封圈；医用的手套、输血管；日常生活中所用的胶鞋、雨衣、暖水袋等都是以橡胶为主要原料制造的。国防上使用的飞机、大炮、坦克，甚至尖端科技领域里的火箭、人造卫星、宇宙飞船、航天飞机等都需要大量的橡胶零部件。

（一）橡胶的分类

目前广泛使用的橡胶一般有天然橡胶、合成橡胶和再生橡胶三种。

1. 天然橡胶

天然橡胶是由人工栽培的三叶橡胶树分泌的乳汁，经凝固、加工而制得的。其主要成分为聚异戊二烯，其含量在90%以上，此外还含有少量的蛋白质、脂及酸、糖分及灰分。见图5-4。

图5-4　天然橡胶

天然橡胶按制造工艺和外形的不同，分为烟片胶、颗粒胶、绉片胶和乳胶等。市场上以烟片胶和颗粒胶为主。

烟片胶是经凝固、干燥、烟熏等工艺而制得的，我国进口的天然橡胶多为烟片胶。颗粒胶则是经凝固、造粒、干燥等工艺而制得的。我国国产的天然橡胶基本上为颗粒胶，也称标准胶。

烟片胶一般按外形来分级，分为特级、一级、二级、三级、四级、五级等共六级，达不到五级的则列为等外胶；颗粒胶则一般按国际上统一的理化性能、指标来分级，这些理化性能包括杂质含量、塑性初值、塑性保持率、氮含量、挥发物含量、灰分含量及色泽指数等七项。其中以杂质含量为主导性指标，依杂质之多少分为5L、5、10、20及50等共五个级别。上海期货交易所天然橡胶合约的交割等级为国产一级标准胶SCR5和进口烟片胶RSS3，其中国产一级标准胶 SCR5 通常也称为 5 号标准胶，执行国家技术监督局发布实施的天然橡胶GB8081-1999版本的各项品质指标。进口烟片胶RSS3执行国际橡胶品质与包装会议确定的《天然橡胶等级的品质与包装国际标准》（绿皮书）（1979年版）。

2. 合成橡胶

合成橡胶是人工合成的高弹性聚合物，以煤、石油、天然气为原料，便宜易得，且品种很多，并可按工业、公交运输的需要合成各种具有特殊性能（如耐热、耐寒、耐磨、耐油、耐腐蚀等）的橡胶，因此目前世界上合成橡胶的总产量已远远超过了天然橡胶。

合成橡胶主要有顺丁橡胶、丁苯橡胶、氯丁橡胶、丁腈橡胶等。按橡胶制品形成过程可分为热塑性橡胶和硫化型橡胶；按成品状态可分为液体橡胶、固体橡胶、粉末橡胶和胶乳。合成的生胶具有良好的弹性，但强度不够，必须经过加工才能使用，其加工过程包括塑炼、混炼、成型、硫化等步骤。

3. 再生橡胶

再生橡胶是利用废旧橡胶及其制品、边角废料为原料，经过粉碎、脱硫、精炼三道工序的物理化学等再加工处理，而获得的具有一定橡胶性能的物质。

再生橡胶具有良好的加工性能，如果与生胶混炼，其耐热性、耐酸碱盐等的腐蚀性方面均优于天然橡胶，成为重要的代用材料。主要应用于外胎、力车胎、胶鞋、胶管等。

（二）橡胶的性质

1. 老化性

橡胶及其制品受到日光、氧气、高温、水分等的综合作用后，会出现表面龟裂、硬化、弹性下降等老化现象，进而失去弹性和强力。老化的本质是高分子物质发生了氧化。

2. 怕热性

温度对天然橡胶的影响较大。温度会加速橡胶的老化和霉变，降低质量。虽然在常温下，天然橡胶的弹性很好，但在0℃时硬化，-70℃时其弹性消失、硬化变脆，加热到120℃时软化发粘，200℃时分解，当达到300℃时会炭化变成黑色硬块。

3. 溶解性

与塑料一样，橡胶也易溶解于汽油、苯等有机溶剂。

4. 怕晒性

阳光中的紫外线会加速橡胶的老化，使橡胶的质量下降。

5. 易燃性

橡胶及其制品与塑料制品一样，有易燃性，并且一旦起火，很难熄灭。

6. 散发异味性

橡胶及其制品都有一定的异味性。因此，在储运中应注意与食品类等怕异味感染的货物隔离。

7. 怕湿性

湿度过大，会加速橡胶的霉变、腐败，进而影响橡胶的质量。

复习思考题

一、名词解释

老化性

二、选择题

1．下列属于塑料及其制品性质的有（　　）。

A．老化性　　B．易燃性　　C．溶解性　　D．怕晒性

2．下列与橡胶忌装的货物有（　　）。

A．苯　　B．矿石　　C．湿木材　　D．粮食

3．下列因素中能加速橡胶老化的有（　　）。

A．阳光　　B．空气中的氧　　C．高温　　D．湿度

4．橡胶适宜的积载舱位是（　　）。

A．舱面　　B．深舱　　C．二层舱　　D．地轴弄的底舱

三、思考题

1．影响高分子物质老化的因素有哪些？

2．运输中，如何保证天然橡胶的质量？

第五节　特殊货物

特殊货物是指在运输、保管、装卸时要采用不同于一般货物的特殊的方法和设备的货物。常见的特殊货物有危险货物、重大件货物、有生动植物货物、冷藏货物等。本节重点介绍后三种，危险货物涉及的种类、要求非常繁杂，留待后面再单独进行介绍。

一、重大件货物

（一）重大件货物的概念

水上运输的货物，凡单件重量过重或体积过长、过宽、过高，以致在装卸时不能采用一般的方法和设备进行运输的货物，就是重大件货物，又叫笨重长大货物。见图 5-5。

图 5-5　重大件货物

《中华人民共和国港口货物作业规则》规定：

单件货物重量或者长度超过下列标准的，为笨重、长大货物：

（1）沿海：重量 5t，长度 12m。

（2）长江、黑龙江干线；重量 3t，长度 10m。

各省（自治区、直辖市）交通主管部门对本省内作业的笨重、长大货物标准可以另行规定，并报国务院交通主管部门备案。

“超长货物”是指一件货物的长度超过 12m 的货物。按照交通部的有关规定，“超长货物”可分为三个档次：①超 12m～16m；②超 16m～20m；③超 20m 以上。

（二）重大件货物的种类

重大件货物的种类很多，随着国民经济的发展和国际贸易的扩大，重大件货物会更多，水运中常见的重大件货物有以下几种：

（1）钢铁制品类。如卷钢、型钢、方钢等。一般单件的重量在 20t 以下，也有的在 35t 左右。

（2）运输机械类。如机车头、汽车等。一般单件重量在 20～30t，也有的能达到 100t 左右。

（3）成套设备类。如蒸馏塔、发生器、锅炉等化工设备比较常见。单件重量在 10t 以下，也有大的可达上百吨甚至几百吨。例如：青岛港曾于 2005 年 9 月份成功接卸了丽东化工项目的长大件，其中最大件货物重量达 603.8t，高度为 8.84m，长度为 68.22m。

（4）其他货物类。

（三）重大件货物的特殊性质

1. 笨重长大性

重大件货物最典型的性质就是笨重并且体积长大，这就给装卸操作带来了极大的不方便。所以，对于重大件货物的装卸最好采取直取的作业方式，实在不行也要尽量减少作业次数，可以尽量采用滚装方法来装卸，以减少上下垂直的作业难度。

2. 局部的脆弱性

在重大件货物装卸作业前，必须仔细查看“重大件货物清单”，弄清重大件货物的重量、各部位的尺寸、特性以及关键部位，对于脆弱的部位要采取有效的衬垫和保护措施。

3. 完整的成套性

成套设备类，因为可以拆卸，所以单件重量不是太大，当然也有特别大的。对于可拆卸的，虽然减少了装卸的困难，但为了最终设备的完整性，必须按套编制套号，点交点接，以确保不出现差错。

二、冷藏货物

冷藏货物是指放在常温以下温度保管、运输的货物。较为常见的是各种易腐货物。如水果、蔬类、肉类、蛋类、鱼虾等水产品类。

（一）易腐货物腐败的原因

水果、蔬类、肉类、蛋类、鱼虾等水产品类货物在常温下容易腐烂变质，最直接的原因是微生物的作用。一方面这些货物含有大量的蛋白质、脂肪、碳水化合物（如淀粉）等营养元素，同时还含有较多的水分（如肉中的水分含量一般可以达到 70%～80%，蛋类的含水量也超过了 70%），再加上常温条件，这都给微生物的生存繁殖提供了条件。另外，有些货物自身的呼吸作用（如果蔬类）、虫害等也加速了腐败的进程。还有，货物体内酶的催化作用也对腐败提供了条件。如果蔬类货物的后熟、肉类的僵直、自溶等。

（二）易腐货物的保管条件

1. 温度条件

微生物的生存需要的温度条件大致在 25℃～35℃，温度在 0℃～5℃时，微生物的生命活动基本停止，当温度降到-18℃以下时，微生物的生命活动就会完全停止，一些低温微生物还会被杀死。同时，温度也会影响酶的作用。当温度在 0℃时，酶的活性基本也停止了。所以，冷藏是控制货物腐烂的比较有效的措施。冷藏货物的温度条件一般可以分为冷却和冷冻两种。冷却就是把货物的温度降到 0℃～5℃左右，使得货物细胞膜内的水分尚未结冰的程度。而冷冻是把货物放在 0℃以下，大多在-180℃～20℃左右，使货物中的水分结冰，便于货物在较长时间内保管而不致腐烂。常见货物的适宜保存温度见表 5-2。

表 5-2　常见货物的适宜保存温度

名称	冷冻或冷藏温度	保存期限
苹果	-1～1℃	2～7 个月
蛋类	-3.3～3.5℃	6 个月
鱼	-12～-18℃	12 个月
肉	-18～-20℃	12 个月

2. 湿度

环境的湿度对易腐货物的运输、保管也有直接的影响。湿度过大，会加速易腐货物的呼吸氧化作用和微生物的生长繁殖，进而加速货物的腐败；而湿度过低，会使得货物散发水分，造成货物含水量过低而出现水果类货物枯萎、发蔫现象。常见水果、蔬菜的适宜温度、湿度条件见表 5-3。

表 5-3　常见水果、蔬菜的适宜温度、湿度条件

水果名称	适宜温度（℃）	适宜湿度（%）	冷害温度（℃）
苹果	-1～4	90～95	-2
葡萄	-1	90～95	-2.1
香蕉	0～3	85～90	-1.7
草莓	0	90～95	-0.8
菠萝	7	85～90	-1
橙子	0～9	85～90	-0.8
黄瓜	10～12	90～95	-0.8
辣椒	9～12	85～90	-1

3. 通风

通过合理的通风既可以控制有呼吸作用的货物的呼吸，还可以调节空气的温湿度。常见果蔬类的氧气含量范围见表 5-4。

表 5-4 常见果蔬类的氧气含量范围

种类	氧气浓度（%）	二氧化碳浓度（%）
苹果	1.5～3	1～4
西红柿	2～4	2～5
香蕉	2～4	4～5
胡萝卜	2～4	2
辣椒	2～5	2～5
黄瓜	2～5	2～5

4. 环境卫生条件

易腐货物绝大多数是食品类货物，所以对卫生性的要求很高。同时，环境卫生条件也会影响微生物的生存。

三、有生动植物货物

（一）概念

有生动植物货物又称为活的货物，是具有生命力的货物，是需要在运输和保管的过程中，不断照料，维持其生命而不致造成死亡的货物。常见的有生动植物货物有牛、羊、鱼、虾、蟹、花卉、苗木等。图 5-6 所示为活牛的装卸。

图 5-6 活牛的装卸

（二）有生动植物货物的特性

（1）有生动植物货物是具有生命力的货物，必须在运输、保管中提供维持其生命力所必须的条件。如阳光、淡水、饲料、适宜的环境条件和活动场所等。

（2）有生动植物货物个别会出现动物的减重，植物的枯萎和凋零。

（3）有生动植物货物有可能携带细菌、病毒，所以必须持有检疫证明。

（4）各种有生动植物因为具有各自不同的特性，所以在运输过程中还会有不同的特殊性质。例如：有生动植物货物应尽量组织现装现提，承运人应保证航行中的淡水供应，运输途中要提供押运人员等。

复习思考题

一、名词解释

1．重大件货物　　2．冷藏货物　　3．有生动植物货物

二、选择题

1．下列属于重大件货物特性的有（　　）。

A．锈蚀性　　B．笨重性

C．完整的成套性　　D．局部的脆弱性

2．下列属于易腐货物腐败原因的有（　　）。

A．微生物的作用　　B．酶的作用

C．呼吸氧化作用　　D．虫害作用

3．易腐货物为了延长保管期限应考虑的因素有（　　）。

A．温度　　B．湿度　　C．通风　　D．环境卫生

4．下列易腐货物中，适合采用冷冻方式进行长距离运输的有（　　）。

A．鲜鱼　　B．鲜肉　　C．鸡蛋　　D．水果

5．下列属于有生动植物货物运输中应提供的条件的有（　　）。

A．阳光　　B．淡水　　C．饲料　　D．通风

三、思考题

1．重大件货物的特性有哪些？其特殊性表现在哪些方面？

2．有生动植物货物与运输有关的特性有哪些？

3．易腐货物如何合理储存以保证其质量特性？

第六节　常见的散装货物

海上货运量中，散装货大约占到了80%左右，因为散装货物在运输、装卸中具有节省包装费用、节省舱容并且装卸效率高等优点，因此有较好的发展前景。目前，比较常见的散装货物一般有煤炭、矿石、原油、粮谷等。

一、煤炭

煤是重要的能源与燃料，有“乌金”的美誉，同时也是一种重要的化工原料，在国民经济发展中具有十分重要的地位。

（一）煤的种类

（1）按照煤的加工程度可以分为毛煤、原煤、洗选煤和精煤四种。

（2）按照煤的炭化程度分为无烟煤、烟煤、褐煤、泥煤。

1）无烟煤：炭化程度最高，质地最坚硬，有金属光泽，挥发物含量较少，含水量最低，不易点燃，燃烧后无烟，燃烧持久，发热量大。

2）烟煤：炭化程度比无烟煤差，质地细密，较脆，黑色并有光泽，挥发物含量和含水量比无烟煤多，比无烟煤较易点燃，发热量较多，燃烧时有浓烟。是综合使用价值和经济价值最高的煤。

3）褐煤：外观褐色，脆，炭化程度比烟煤差，水分和挥发物的含量较烟煤多，容易点燃，燃烧时有浓烟。

4）泥煤：外观像泥，是炭化程度最差的煤，挥发物和水分含量最高，最容易点燃，燃烧时的发热量最低。

（二）煤的性质

1. 煤的风化

煤长期放置于空气中，会受到水分、氧气、阳光、温度等多种因素的作用而发生变化，使煤的光泽度下降，发热量下降，出现块煤变成末煤等质量下降的现象，这种变化称为煤的风化。在煤的风化原因中最主要的是氧化作用。影响煤氧化的因素很多，常见的有：煤的粒度、水分、煤的炭化程度、气候因素、黄铁矿的含量等。

2. 煤的自热与自燃

煤的氧化一方面会使得煤风化，同时还会发生自热自燃的现象。在煤炭储存过程中，如果氧化作用发生后，产生的热量不能及时散发出去，煤堆的温度就会升高，而较高的温度会反过来促进氧化反应的加剧，进而产生更多的热量，最终使煤炭发生自燃。煤堆的自燃一般是由内向外蔓延的，所以要定期测温，及时控制煤炭的自热与自燃。

3. 煤气的燃烧性

煤炭的成分中有多种挥发物，其中多是氢、硫化氢、二氧化碳、甲烷、乙烯、乙炔等碳氢化合物，因此具有较强燃烧性。在煤炭的储存场所和装卸过程中一定要严防各种火源。

4. 煤气的爆炸性

煤炭挥发出来的碳氢化合物不仅遇火能燃烧，在适当的条件下，遇火星还能发生直接的爆炸，比如达到了爆炸极限（易燃气体或粉尘空气混合达到一定的浓度，遇明火会发生爆炸，发生爆炸时的浓度范围就是爆炸极限）。装卸煤炭时，如果粉尘过多，当每 m^3 空气中含有 10～32g 时，也会遇火发生爆炸。所以在煤炭装卸和储存场所一定要严防各种火源。

5. 煤气的毒性

煤气除了具有燃烧性、爆炸性之外，还具有一定的毒性和窒息性。例如硫化氢、二氧化碳等，吸入过多后会使人窒息。所以在煤炭装卸时要采取适当的防护措施，尤其是进舱作业前一定要充分通风，待确定危险性消除后方可进舱作业。

6. 煤的冻结性

含水量超过 5%的煤炭在低温条件下运输或储存时，会冻结在一起导致装卸困难或包装破裂。因此，煤炭在冬天运输时要严格控制含水量或加入防冻剂。

7. 煤的扬尘性

煤有扬尘性，会产生大量粉尘，一方面会对其他货物和环境产生污损，另一方面会导致粉尘爆炸，所以大风天装卸时要采取防风防火措施。

二、矿石

（一）矿石的种类

矿石按照组成元素可以分成金属矿石和非金属矿石。

金属矿石是指经济上可以合算地提取各种金属的矿石。如铁矿石、铜矿、锑矿、锡矿等。金属矿石按其含纯金属的比例可以分为贫矿和富矿。贫矿开采出来后要通过磨碎、水洗、重选、磁选等方法来提高品质。

非金属矿石是指金属矿石以外的矿石。如磷灰石、石灰石、氟石等。

（二）矿石的性质

1. 矿石比重大，积载因数小

矿石的比重都比较大，尤其是金属矿石，因此积载因数都比较小。所以矿石适合采用专门的矿石船来进行整船运输（见图 5-7）。一般的矿石船，舱口较大、单层甲板、底板厚，有较大的总体强度和局部强度。

图 5-7　矿石船

2. 易扬尘

矿石尤其是提纯的精选矿粉，粉末比较细小，在装卸的过程中会产生粉尘造成污染，同时产生的粉尘若达到爆炸极限，遇明火还会发生爆炸。因此在矿石装卸现场要严格隔绝各种火源。

3. 易散发水分

矿石含有不同程度的水分，尤其是提纯的矿石，由于含有较多的水分，在干燥的环境中会散发出来，因此不易与吸湿性的货物搭配装载。

4. 冻结性

矿石与煤炭一样，本身粉末较细，又含有较多的水分，因此在低温条件下运输和储存，会冻结成块，给装卸造成困难。

5. 自热、自燃性

含硫量高的矿石，在潮湿的条件下，会氧化而发热，如果温度不能及时散发出去，会转而加剧氧化的过程，最终达到燃点而自燃。

6. 易散发有害气体

含硫量高的矿石会散发出有毒的硫化氢气体，磷灰石会产生磷化氢气体，还有其他矿石可能会产生砷化氢、一氧化碳、二氧化碳等有害气体。所以进舱作业前要旺盛通风，以驱散危险性气体。

7. 渗水性

精选矿粉，在航行中由于船舶的摇摆作用，含有的水分会渗出在上层形成泥水浆，进而产生自由液面，给航行中的船舶带来不稳定的因素，严重时甚至会威胁航行安全。矿粉含水量超过 9%就有危险，达到 12%就会危及船舶安全。因此，要严格控制矿粉的含水量。

8. 散落性小、静止角大

粉末颗粒状的货物由高处落下时，会由中间向四周流散，这个性质叫散落性。散落性的大小与货物的颗粒大小、含水量高低有密切的关系。散落性的存在虽利于散装货物的装卸，但也会对船舶的运行稳定性造成一定的不良影响。矿石因为含水量较高，颗粒又比较细小，因此散落性较小，在相同的地面上可以堆得较高，因此在装船时要适当平舱，以减少对船舶的不良影响。

9. 怕混杂

不同品种的矿石怕混杂。例如：铁矿石混入硫、磷等杂质，会影响钢铁的质量；镁砂混入其他矿石、杂质，会影响生产出的耐火砖的质量，使耐高温性下降。因此，不同品种的矿石堆存时要分清品种、规格，防止相互混杂。

三、石油

石油是重要的能源与原料，是工业的血液，又被称为“黑金”。

（一）石油的种类

（1）原油：是未经加工的石油，由碳、氢两种元素组成的褐色或黑色的粘稠液体。

（2）成品油：是指原油经蒸馏、裂化等加工后制成的石油制品。常见的有燃料油类、润滑油类、化工油类、建筑油类等。

（二）石油的性质

1. 挥发性

石油是一种碳氢化合物，具有较强的挥发性，尤其是比重较轻的燃料油。石油的挥发一方面会降低石油的质量，另外还容易产生有毒性、燃烧性、爆炸性等危险性气体。因此，在石油的储存、运输、装卸场所要严防各种火源，杜绝混合性气体达到爆炸极限。进舱或库作业前要充分通风，以防止危险发生。

2. 油气有毒性

石油中含有多种碳氢化合物，同时还含有硫化氢、苯等，具有较大的毒性。所以，石油装卸时要采取适当的防护措施，进舱作业前也要充分通风，确保没有危险性后方可入内作业。

3. 易燃性

石油及其产品具有遇火燃烧的性质。易燃液体燃烧性的强弱可以用闪点来衡量。闪点是指易燃液体的蒸汽与空气混合后，遇明火瞬间闪光的最低温度。一般闪点越低，越容易燃烧，其危险性也越大。

4. 易爆性

石油蒸汽除了遇明火会燃烧外，在一定的浓度条件下，还会发生爆炸。石油液体的蒸汽与空气混合后达到一定的浓度，遇明火发生爆炸时的浓度范围叫爆炸极限。爆炸极限越大，石油的危险性就越大。所以，在石油的装卸与储存场所要严格隔绝各种火源。

5. 易生静电性

散装石油的装卸一般采用输油管，而油品在输油管里流动时，会产生摩擦静电，当产生的静电荷不能及时导出去，就会积聚，当达到一定的电位就会产生放电，如果周围的石油蒸汽达到了爆炸极限，就会产生爆炸。所以在石油装卸之前，一方面要充分通风，使石油蒸汽散发出去，同时还要先用导线将船舶接地，避免静电荷积聚。

6. 粘性与流动性

石油具有的流动性为石油的装卸提供了条件，而流动性的强弱又取决于油品的粘性和温度。石油的粘性一般用凝固点和粘度来表示。凝固点是指将石油放在试管里并倾斜 45℃，逐渐降低温度，当油经过一分钟还不流动时的温度就是凝固点。而粘度是指油品流动时内部摩擦力的大小。石油的凝固点越高、粘度越大，在同样的温度条件下，流动性就越差。

为了提高油品的流动性，需要对油品加热，加热的方法一般有：蒸汽加热、热水加热、电加热等。

7. 膨胀性

散装石油装船时，因为具有膨胀性，因此不能装满，要留有足够的膨胀余位。石油和各种成品油品种不一样时，其膨胀性（膨胀系数）也是不一样的。石油的膨胀性除了与品种有关以外，与运输和储存过程中环境的温度也有一定的关系。

8. 污染性

石油具有较强的污染性，尤其是海洋运输散装油时，比重比水轻又有较强的挥发性，因此石油装卸时为防止泄露，一般用围栏防止石油在海上的扩散。

从事下列活动时，船舶或单位必须在作业前制定围油栏布设方案，经海事管理机构批准后布设围油栏：

（1）散装油类、类油物质的装卸和过驳作业。

（2）散装比重小于 1（相对于水）、溶解度小于 0.1%、具有污染危害性货物的装卸和过驳作业。

（3）能造成水域污染的其他作业。

四、粮食类

（一）粮食的成分

1. 糖类

糖类可以分为单糖、双糖和多糖，在粮食中的糖多以淀粉形式存在。糖能提供能量，是粮食呼吸作用的基础。生物体的生理和生命活动所需要的能量主要是依靠粮食中的淀粉来提供的。糖还具有构成肌体组织、保护肝脏、保护蛋白、利于蛋白质的生成、促进消化等功能。

2. 蛋白质

蛋白质是一切生命活动的物质基础，蛋白质能构成肌体组织、促进人体发育，还能提供人体所需要的部分能量。蛋白质主要是由碳、氢、氧、氮等元素构成。蛋白质具有吸湿性，在微生物和酶的作用下容易腐败变质，生成深色的有臭味的物质。

3. 脂肪

脂肪由碳、氢、氧三种元素组成，是人体必须的三大营养元素之一。脂肪能构成肌体组织，具有保护内脏器官、保温防寒、储存能量等作用。脂肪在酸、碱、酶的作用下会发生水解，生成不饱和脂肪酸，在光、金属等的催化作用下会发生氧化酸败。

4. 水分

水分对粮食的储存保管有直接的关系。水分在动植物食品中有两种存在形式：游离水和结合水。游离水是指没有和蛋白质、淀粉等物质结合的水，能在适当条件下散发出去，性质与普通水是一样的；结合水是指与蛋白质或淀粉结合在一起的水份，一般条件下不能变化。微生物的生存繁殖利用的就是游离水，因此可以通过控制游离水的多少来限制微生物对粮食的不良影响。

5. 酶

酶是一种特殊的生物蛋白质，具有一定的活性和催化能力，生物体的各项生理和生命活动都离不开酶的参与。如呼吸作用、消化吸收、发芽、后熟、自溶等。因此，酶是生物体新陈代谢的基础。酶的作用的影响因素一般有：温度、湿度、氧气浓度和PH值等。

（二）粮食的性质

1. 呼吸作用

呼吸是生物体维持生命力的基本条件，粮谷的呼吸作用是在酶的催化作用下进行的。呼吸作用的进行与环境的氧气浓度、温度、湿度、水分等因素有一定的关系。

粮谷的呼吸一方面会消耗粮食的营养成分，另一方面还会产生热量和水分，加速微生物的繁殖，进而加速粮食的霉变、发芽、腐烂、陈化等后果。因此粮谷的呼吸应控制在一定的范围之内，维持微弱的有氧呼吸。在粮谷中除了粮谷本身的呼吸作用之外，还有微生物的呼吸、虫害的呼吸。因此，可以通过缺氧气调的方法来控制呼吸作用的程度。

2. 吸收异味性

粮谷本身是食品，同时具有呼吸作用，很容易吸附外界的异味。并且，一旦感染异味，在影响质量的同时，非常不容易去除。因此，粮谷不能与鱼粉、天然橡胶、化肥、油漆等散发异味的货同舱积载或同库堆放。

3. 自热性

粮谷、虫害、微生物的呼吸作用是产生热量的直接结果，而较高的温度，反过来会促进微生物的繁殖与作用，从而加剧了粮食的质量下降。

4. 吸湿性

粮谷的成分中有糖、蛋白质等吸水成分，还含有胶体物质，也具有一定的吸湿性。水分给粮谷的霉变、发芽、腐烂提供了条件。

5. 易发霉变质

粮谷含有大量的营养成分和水分，容易感染微生物。微生物的繁殖能产生腐败、发酵、霉变、酸败、发芽等后果。微生物的适宜生存条件是中温（25～35℃）、高湿。因此，控制粮谷的储存温湿度是保证粮谷质量的重要手段。

6. 易生虫害作用

粮谷容易感染虫害。虫害作用的结果是粮谷的组织结构被破坏，粮谷的卫生质量下降，产生的热量会加速粮谷的霉变、发芽等变质现象，进而影响粮谷的食用安全性。

7. 陈化性

粮谷随着保管时间的延长，尤其是在不适宜的保管条件下，会逐渐的出现呼吸作用减弱、发芽、霉变等质量下降的现象，这就是陈化。陈化与保管时间成正比，同时还与水分、温湿度、氧气、卫生条件、害虫、微生物等有直接的关系。

8. 散落性

粉末晶体货物由于彼此间的内聚力较小，由高处落下时会由中间向四周流散，这种性质就是散落性。散落性利于散装货物的装卸，但会对船舶的正常航行产生不良影响。散落性的大小与粮谷的颗粒大小、形状、表面、水分、外力等因素有关系。散落性的大小与静止角成反比。静止角是指货物由高处散落时所形成的坡体斜面与水平面之间的夹角。

9. 下沉性

粮谷颗粒之间因为存在着空隙，在受到外力作用后表面会下沉，这种现象称为下沉性。下沉性与散落性会对航行中的散粮船造成不稳定的影响。下沉性的大小取决于粮谷颗粒间空隙与外力的大小。

10．扬尘性

散装粮谷装卸时会产生粉尘，造成污染。同时，粮尘的浓度范围达到 30～40g/m^3 时，遇到明火会发生爆炸。

粉尘发生爆炸的条件包括：

（1）颗粒大小（这是影响其反应速度和灵敏度的重要因素）：一般颗粒越小爆炸越强烈。粒径在 200μm 以下，且分散度较大时，易于在空中飘浮，吸热快，容易着火；粒径超过 500μm，其中含有一定数量的大颗粒则不易起爆。

（2）化学成分：据实践分析，有机物粉尘中若含有-COOH、-OH、$-NH_2$基团时，发生爆炸的危险性较大；含卤素和钾、钠的粉尘，爆炸趋势则减弱。

（3）粉尘浓度（爆炸极限）：通常，达到粉尘爆炸浓度的粉尘才会发生爆炸。经验告诉我们，面粉的爆炸极限约为 15～20g/m^3，散粮约是 30～40g/m^3。

（4）空气湿度：空气湿度较大时，亲水性粉尘会吸附水份，从而使粉尘难以弥散和着火，传播火焰的速度也会减小。湿度大的粉尘即使着火，其热量首先消耗在蒸发粉尘中的水份，然后才用于燃烧过程。一般粉尘湿度超过 30%便不易起爆。

（5）有足够的温度：粉尘爆炸大都起源于外部明火，如撞击火花、电焊和切割、静电火花或电火花、火柴和高温体传热等。这类火源最低点火温度为 300～500℃。

（6）足够的氧气：粉尘悬浮环境中需含有足够量维持燃烧的氧气。

（7）粉尘紊动程度：悬浮在空气中的粉尘，紊动强度越大，越易吸收空气中的氧气而加快其反应速率，从而也就越容易爆炸。

综合以上，所以在粮谷作业现场要采取防风、控制温湿度、防火等措施。

复习思考题

一、名词解释

1．煤的风化　　2．散落性　　3．下沉性　　4．粘性
5．凝固点　　6．燃点　　7．闪点　　8．自燃点
9．粮食的陈化　　10．闪爆　　11．呼吸作用

二、选择题

1．下列属于煤炭性质的有（　　）。
A．污染性　　B．自燃性　　C．冻结性　　D．流动性

2．下列货物中属于散装货物的有（　　）。
A．石油　　B．矿石　　C．天然橡胶　　D．煤炭

3．下列属于矿石性质的有（　　）。
A．扬尘性　　B．结块性　　C．散落性　　D．自热、自燃性

4．煤的自燃一般分成（　　）几个阶段。
A．潜伏　　B．升温　　C．自燃　　D．熄灭

5．下列会影响煤的氧化与风化的有（　　）。
A．煤的颗粒度　　B．煤的含水量
C．气候因素　　D．固定碳的含量

6．下列与粮食忌装的货物有（　　）。

A．煤炭　　B．天然橡胶　　C．亚麻籽　　D．生丝

7．粮食的发热，与下列（　　）因素有关。

A．粮食本身的呼吸　　B．微生物的呼吸

C．虫子的呼吸　　D．酶的作用

三、判断题

1．煤炭作业现场要防火，而散粮因为没有易燃性所以不用防火。（　　）

2．煤炭冬季进行装卸作业时，为防止扬尘最好也实施撒水作业。（　　）

3．粮食等散装货物的散落性和下沉性会对船舶的运输产生稳定性的不良影响。（　　）

4．矿石的散落性越大，形成的静止角也就越大。（　　）

5．粮食的颗粒越大，散落性越小。（　　）

6．石油装卸时要严防各种火源。（　　）

7．不同品种的矿石可以混杂运输、储存。（　　）

8．煤炭的固定碳含量越高，质量越好，综合利用的价值也就越高，经济价值也就越好。（　　）

9．防止煤炭自燃，采取措施最有效的阶段应该是潜伏阶段。（　　）

四、思考题

1．影响煤氧化的因素有哪些？

2．如何防止煤的自燃？

3．矿石的性质有哪些？

4．石油的性质会对石油的运输、装卸和保管产生哪些影响？

5．粮食的散落性和下沉性是如何影响粮食的运输和装卸的？

第七节　无机盐类

一、化肥

（一）化肥的种类

1．按营养元素分

化肥是农作物正常生长所需要的营养物质，按农作物所需要的营养元素不同可分为：

（1）氮肥：硝酸钠、氯化氨、氨水、硝酸铵、尿素等。

（2）磷肥：过磷酸钙、磷酸钠等。

（3）钾肥：氯化钾、硫酸钾等。

（4）复合肥：硝酸钾、铵磷钾等。

2．按化学性质分

（1）酸性化肥：硫酸铵、过磷酸钙、重过磷酸钙等。

（2）碱性化肥：碳酸氢铵、尿素、石灰氮、氨水等。

（3）中性化肥：硝酸铵、钾肥、复合肥等。

3. 按水溶性分

（1）水溶性化肥：铵类、钾肥等都易溶于水。

（2）难溶性化肥：石灰氮、磷矿粉。

（二）化肥的常见性质

1. 扬尘性

绝大部分化肥都是粉末晶体状的，因此，在装卸中都表现出一定的扬尘性。扬尘性相对表现明显的化肥有：过磷酸钙、重过磷酸钙、磷矿粉、石灰氮等。

2. 散发异味性

绝大多数化肥都会散发出一定的刺激性气味，其中尤以铵态化肥更为明显。如硫酸铵、液态氨气等。

3. 结块性

化肥大多数的状态是粉末晶体的，在温度、湿度、压力等的综合作用下，会表现出一定的结块性，常见的化肥中结块性表现较为显著的有：氯化钾、硝酸铵、过磷酸钙等。

4. 腐蚀性

化肥多是无机盐类，具一定的酸碱性，因此对金属等物质有一定的腐蚀性。同时，对于装卸的工具、储存的场所，甚至是装卸时对人的皮肤都有不良的影响，所以在装卸和储存过程中应采取适当的防护措施。化肥提走后，地脚和衬垫材料要及时清洁打扫干净，对于有毒性的化肥还应进行消毒、通风处理。

5. 溶解性

绝大多数化肥都易溶解于水，常见化肥中不溶于水的主要有：石灰氮、磷矿粉等。对于易溶类的化肥，如铵态化肥、钾肥、硝态化肥、复合肥等，要采用不透水、不透气的包装材料。

6. 不稳定性

铵态化肥遇碱与碱性物质不稳定，容易分解释放出刺激性气体——氨气。有些化肥在高温和潮湿条件下，也极易分解。化肥中不稳定极易分解的有：碳酸氢铵、氨水等。

7. 危险性

某些化肥还具有燃烧、爆炸以及有毒等危险性质，在运输、保管和装卸过程中应按危规要求正确操作。如硝酸类化肥、液氨、氨气、石灰氮等。

二、纯碱

在工业上纯碱用途极为广泛。在古代，人们先后学会了从草木灰提取碳酸钾和从盐碱地及盐湖等天然资源获得碳酸钠。现代，纯碱仍是最重要的化工工业原材料之一，被广泛应用于玻璃、陶瓷、化工（烧碱、硝酸钠、清洁剂、软化硬水）、石化、冶金等行业，同时也广泛应用在造纸、肥皂、纺织、印染、皮革、食品、医药、胶卷、轻工等行业，甚至医疗美容行业也可以采用。

（一）纯碱的成分

纯碱是碳酸钠（Na_2CO_3)的俗名，又称为苏打（soda）。虽然碳酸钠俗称纯碱，但它其实属于盐类物质，因其水溶液显弱碱性而称纯碱。其晶体含结晶水，化学式 $Na_2CO_3·10H_2O$。在空气里碳酸钠晶体很容易失去结晶水，并渐渐碎裂成粉末，如图 5-8 所示。失去结晶水以后的碳酸钠叫做无水碳酸钠。

图 5-8 纯碱

（二）纯碱的性质

（1）腐蚀性：其水溶液水解呈碱性，有一定的腐蚀性，能与酸进行中和反应，生成相应的盐并放出二氧化碳。

（2）溶解性：纯碱易溶于水，在 35.4℃时其溶解度最大，每 100g 水中可溶解 49.7g 碳酸钠（0℃时为 7.0g，100℃为 45.5g）。

（3）扬尘性：纯碱外观为粉末或细粒结晶，因此表现出一定的扬尘性。

（4）结块性：长期暴露在空气中，能吸收空气中的水分及二氧化碳生成碳酸氢钠，并结成硬块。

（5）不稳定性：高温下可分解，生成氧化钠和二氧化碳。

三、食盐

我国盐的资源很丰富，产盐区遍及全国，产量也很大，不仅能充分满足国内人民生活的需要，而且还可以组织出口。我国所产的食盐主要有海盐、井盐、池盐、矿盐等。

食盐按加工程度的不同，又可分为原盐（粗盐）、洗涤盐、再制盐（精盐）。原盐是从海水、盐井水直接制得的食盐晶体，有苦味；洗涤盐是以原盐（主要是海盐）用饱和盐水洗涤的产品；把原盐溶解，制成饱和溶液，经除杂处理后，再蒸发，这样制得的食盐即为再制盐，再制盐的杂质少，质量较高，晶粒呈粉状，色泽洁白，多作为饮食业烹调之用；另外，还有人工加碘的再制盐，为一些缺碘的地方作补充饮食营养不全的用处。

盐除了具有重要的饮食价值外，还广泛地应用于医药、化工、饲料、皮革、陶瓷、玻璃、肥皂、染料、油脂、矿冶、医药等工业部门以及水处理、制冰冷藏、公路除雪等方面。

（一）食盐的成分

食盐的主要成分是氯化钠，还含有氯化钾、氯化镁、硫酸钙、硫酸钠等杂质和一定量的水分。纯净的氯化钠晶体是无色透明的立方晶体，由于杂质的存在使得一般情况下的氯化钠为白色立方晶体或细小的晶体粉末，比重为 2.165，熔点 801℃，沸点 1442℃，味咸，PH 值呈中性，易溶于水。

（二）食盐的性质

1. 吸湿性

食盐中氯化钠吸湿性不强，而氯化镁、氯化钙有一定的吸湿性，尤其是在潮湿的空气中，会表现出较强的吸湿性。

2. 易潮解溶化

食盐易溶解于水，在潮湿的环境中会吸收空气中的水蒸气，容易潮解溶化，淌出盐水，污染甚至腐蚀货物。因此，清洁货物、怕盐水的货物、金属货物最好不要与食盐装载在一起。

3. 易腐蚀金属

食盐具有一定的化学活泼性，易与某些物质发生反应，尤其是金属。所以，在存放、装载时，裸露的金属部位要适当衬垫，食盐提走后，要清洗干净。工具和衬垫材料也应清洗干净。

4. 易结块

食盐是粉末晶体状的货物，受潮、受重压易结块，加大装卸的难度，也容易使包装破裂。另外，潮湿的盐在空气湿度降低的条件下，也会因为食盐分子重新结晶而结块。因此，储存和运输食盐的场所，应控制环境的温湿度。

5. 比重大

食盐比重大，要防止装载时的超载，最好与轻货搭配积载，以充分利用舱容。

复习思考题

一、选择题

1. 下列属于化肥性质的有（　　）。

A. 污染性　　B. 结块性　　C. 不稳定性　　D. 腐蚀性

2. 下列化肥中最不稳定的是（　　）

A. 尿素　　B. 碳酸氢铵　　C. 硫酸钾　　D. 磷矿粉

3. 化肥按照化学性质不同可以分为（　　）三种

A. 酸性化肥　　B. 碱性化肥

C. 中性化肥　　D. 腐蚀性化肥

4. 下列与化肥忌装的货物有（　　）

A. 水果　　B. 金属类　　C. 天然橡胶　　D. 肠衣

5. 下列与纯碱忌装的货物有（　　）。

A. 纺织品　　B. 玻璃　　C. 化肥　　D. 皮革制品

6. 下列与食盐忌装的货物有（　　）。

A. 铝锭　　B. 食糖　　C. 化肥　　D. 水泥

二、思考题

1. 化肥在装运时要注意哪些问题？

2. 你认为水泥的性质有哪些？在运输中应注意的问题有哪些？

第六章　危险货物

第一节　危险货物的概念、分类与性质

一、危险货物的概念与分类

危险货物是指具有燃烧、爆炸、腐蚀、放射性与毒害等危险性质，可能对人员、设施、运输工具、环境等造成损害的货物。

我国与危险品分类有关的标准主要有《危险货物品名表》、《常用危险化学品的分类与标志》、《危险货物分类和品名编码》等。国内对于危险品的管理还有《危险化学品安全管理条例》、《仓库防火安全管理规则》、《爆炸危险场所安全规则》、《水路危险货物运输规则》、《剧毒物品品名表》等。

根据中华人民共和国 GB6944《危险货物分类和品名编号》和中华人民共和国 GB12268《危险货物品名表》等有关国家标准，通常将危险货物划分为以下九类：

第 1 类　爆炸品

第 2 类　压缩气体和液化气体

第 3 类　易燃液体

第 4 类　易燃固体、自燃物品和遇湿易燃物品

第 5 类　氧化剂和有机过氧化物

第 6 类　毒害品和感染性物品

第 7 类　放射性物品

第 8 类　腐蚀品

第 9 类　杂类

同时还根据各类危险货物的危险程度不同，进一步划分为一级和二级危险货物。

国际上对于危险货物的分类、性质、包装、标志以及危险货物的管理也制订了相应的《国际海上危险货物运输规则》《IMDG Code》，简称《国际危规》。对于危险货物的分类，国际上普遍采用的是如下九类：

第 1 类 爆炸品

第 2 类 压缩、液化、加压溶解或冷冻气体

第 3 类 易燃液体

第 4 类 易燃固体、易于自燃物质或遇水放出易燃气体的物质

第 5 类 氧化物和有机过氧化物

第 6 类 有毒的和感染性的物质

第 7 类 放射性物质

第 8 类 腐蚀性物质

第 9 类 杂项危险物质

由于《国际危规》没有明确地将危险货物划分为“烈性危险货物”和“一般危险货物”（烈性危险货物也称为一级危险货物，一般危险货物也称为二级危险货物），为适合我国危险货物管理的需要，中华人民共和国 GB12268-90《危险货物品名表》在对危险货物分类的基础上，根据危险货物的危险程度又分为烈性危险货物和一般危险货物。

规定整类为烈性危险货物的有爆炸品、气体类、放射性危险货物。

其他类别的危险货物可以根据危险货物编号来确定。危险货物品名编号由阿拉伯数字组成，第一位数字表明危险货物的类别，第二位数字代表危险货物的次别，第 3、4、5 位数字为顺序号，顺序号小于 500 为烈性危险货物，顺序号大于 500 为一般危险货物。

例如：金属钠编号为 43002，顺序号 002 小于 500，金属钠是烈性危险货物。

例如：硅铁编号为 43505，顺序号 505 大于 500，硅铁是一般危险货物。

二、主要危险品的特性

（一）爆炸品

爆炸品是指在外界作用下能发生剧烈的化学或物理反应，瞬间产生大量气体或热量，使得周围的压力骤然间上升，具有极强破坏性的物品。也包括无整体爆炸危险，但具有燃烧、抛射等较小爆炸危险或仅产生光、热或烟雾等一种或几种作用的物质或物品。如雷汞、TNT 炸药、三硝基甲苯等。

爆炸品的主要性质是爆炸性。爆炸性的衡量指标一般有爆轰速度和敏感度。爆轰速度是指爆炸物质对起爆物质产生的爆轰波能量的敏感程度。通常以“极限起爆药量”来表示。极限起爆药量是指起爆物质爆炸时，能引起所实验的爆炸物质完全爆轰所需要的最少起爆药量。不同的起爆物质对同一种爆炸物质引爆所需的药量不同；同一种起爆物质对不同的爆炸物质引爆所需的药量也不同。一般来说，爆轰速度越快危害就越大，反之亦然。敏感度是指爆炸品在外界作用下发生爆炸的难易程度，换言之是指爆炸品起爆时所需要的最小的起爆能。一般来说敏感度越大，爆炸品的危害越大。因初始的冲能不同因此也会有不同的敏感度。例如：机械能的冲击感度、热能的热感度（TNT 在 475℃时是 5s）、爆炸能的爆感度等。

爆炸品的主要参考指标是：爆轰速度高于 3000m/s，撞击敏感度爆发率在 2%以上，爆发点低于 350℃。

爆炸品的判断指标还有威力和猛度两个。爆炸品的威力（或爆炸力）是指爆炸品爆炸时作功的能力，即炸药爆炸时，对周围介质的破坏能力。威力的大小取决于爆热的大小、爆炸后气体的生成量的多少，以及爆温的高低。用毫升来表示。爆炸品的猛度，又称猛烈程度。系指爆炸品爆炸后，爆轰产物对周围物体破坏的猛烈程度，用来衡量炸药的局部破坏能力。用毫米来表示。

例如：硝化甘油的主要爆炸指标如下：

密度 1.59g/cm^3；

熔点 13.2℃；

爆速 7800m/s；

威力 300ml 之多；

爆发点 177℃；

爆炸品还具有敏感性，即使轻微震动也会爆炸。

在衡量爆炸品的爆炸性时，还有一个指标是爆炸极限。

可燃物质（可燃气体、蒸气和粉尘）与空气（或氧气）必须在一定的浓度范围内均匀混合，形成预混气，遇着火源才会发生爆炸，这个浓度范围称为爆炸极限或爆炸浓度极限。例如一氧化碳与空气混合的爆炸极限为12.5%～80%。可燃性混合物能够发生爆炸的最低浓度和最高浓度，分别称为爆炸下限和爆炸上限，有时亦称为着火下限和着火上限。在低于爆炸下限和高于爆炸上限浓度时，既不爆炸，也不着火。这是由于前一情况的可燃物浓度不够，过量空气的冷却作用，阻止了火焰的蔓延；而后一情况则是空气不足，导致火焰不能蔓延的缘故。当可燃物的浓度大致相当于反应当量浓度时，具有最大的爆炸威力（即根据完全燃烧反应方程式计算的浓度比例）。可燃性混合物的爆炸极限范围越宽、爆炸下限越低和爆炸上限越高时，其爆炸危险性越大。这是因为爆炸极限越宽则出现爆炸条件的机会就多；爆炸下限越低则可燃物稍有泄漏就会形成爆炸条件；爆炸上限越高则有少量空气渗入容器，就能与容器内的可燃物混合形成爆炸条件。应当指出，可燃性混合物的浓度高于爆炸上限时，虽然不会着火和爆炸，但当它从容器或管道里逸出，重新接触空气时却能燃烧，仍有发生着火的危险。

气体或蒸气的爆炸极限的单位，是以在混合物中所占体积的百分比（%）来表示的，如氢与空气混合物的爆炸极限为4%～75%。可燃粉尘的爆炸极限是以混合物中所占体积的质量比g/m^3来表示的，例如铝粉的爆炸极限为$40g/m^3$。

各种可燃气体和燃性液体蒸气的爆炸极限，可用专门仪器测定出来，或用经验公式估算。爆炸极限的估算值与实验值一般有些出入，其原因是在计算式中只考虑到混合物的组成，而无法考虑其他一系列因素的影响，但仍不失其参考价值。

某些有机物爆炸上限和下限估算值与实验值比较如表6-1所示。

表6-1　石蜡烃的化学计量浓度及其爆炸极限计算值与实验值的比较

序号	可燃气体	分子式	α	化学计量浓度		爆炸下限 X_1（%）		爆炸上限 X_2（%）		
				$2n_0$	X_0（%）	计算值	实验值	计算值	2n	实验值
1	甲烷	CH_4	1	4	9.5	5.2	5.0	14.3	2.5	15.0
2	乙烷	C_2H_6	2	7	5.6	3.1	3.0	12.2	3.0	12.5
3	丙烷	C_3H_8	3	10	4.0	2.2	2.1	9.5	4.0	9.5
4	丁烷	C_4H_{10}	4	13	3.1	1.7	1.5	8.5	4.5	8.5
5	异丁烷	C_4H_{10}	4	13	3.1	1.7	1.8	8.5	4.5	8.4
6	戊烷	C_5H_{12}	5	16	2.5	1.4	1.4	7.7	5.0	8.0
7	异戊烷	C_5H_{12}	5	16	2.5	1.4	1.3	7.7	5.0	7.6

从表中所列数值可以看出，实验所得与计算值有一定差别，但采用安全系数后，在实际生产工作中仍可供参考。

粮食粉尘会发生燃烧现象，像面粉、硫磺、淀粉、煤粉、糖等物质在仓库储藏或运输过程中也会发生燃烧现象。不同的是，不同的粉尘在空气中引起爆炸的最低密度是不同的。淀粉和硫磺粉尘在每升空气中的含量超过7mg时，遇火就会爆炸；而面粉、糖粉的爆炸极限为每升10mg；煤粉的爆炸极限为每升17mg。

除了爆炸性，不同的爆炸品还能表现出不同的危险性质。例如：吸湿性，绝大多数爆炸品都有较强的吸湿性，一般来说，爆炸品吸湿后，敏感度会下降，一旦水分散发出去爆炸品变干燥后，敏感度也会恢复；但也有的爆炸品在受潮后会增加敏感，在运输中应确保其干燥。

（二）气体

具有危险性质的气体包括压缩气体和液化气体，是指经压缩、液化或加压溶解的气体，理论上应具备下列两种情况之一：

首先，当临界温度低于 50℃，或在 50℃时，其蒸汽压力大于 294kPa 的压缩或液化气体（临界温度是指经加压能使气体液化的最高温度）。

其次，当温度在 21.1℃时，气体的绝对压力大于 275kPa，或在 54.4℃时，气体的绝对压力大于 715kPa 的压缩或加压溶解的气体（加压溶解气体是经加压后溶解在专门的溶剂中的气体，一般使用多孔材料吸收。例如乙炔气体，如果在高压下压缩时，有发生爆炸的危险，因此可以采用丙酮作为溶剂，使其以溶解状态装入容器中）。

压缩气体和液化气体一般盛装在气体钢瓶内，气瓶一般都是用无缝碳素钢或合金钢制造，但低压气瓶有时用焊接的，容易出现所谓的爆底。气体钢瓶在受热或强烈的撞击、震动冲击时，容器内的气体体积会迅速膨胀，压力会迅速增大，致使容器破裂爆炸，或使容器阀门松动，使内装气体泄露，进而造成中毒、火灾、爆炸等危险事故。

气体主要的危险性质有：

1. 压缩性与膨胀性

压缩气体与液化气体和加压溶解气体都是在一定条件下加压到一定程度而形成的，所用的容器也是压力容器，因此具有压缩性；在一定的温度、外界撞击的条件下，容器内的气体体积会发生膨胀，瞬间产生极大的压力，致使容器爆炸、气体泄露，从而引发其他的危险性质发生。因此，液化和加压溶解气体充气罐装时不允许超过其最大的充注比率。充注比率是指容器的每一单位容量的气体的重量。一般用每升容量的气体的公斤数来表示。

2. 容器爆炸性

容器爆炸属于物理性爆炸，其危害甚至比化学性爆炸要大得多。根据测量，一个普通的氧气钢瓶爆炸时的威力相当于 5t TNT 爆炸时的威力，其产生的冲击波甚至更强。

3. 气体泄露与扩散性

气体是物质三态中分子之间距离最大的，相应地分子之间吸引力最小，其分子所具有的动能较大。所以，气体要用压力容器装载。而且万一容器破裂，气体就会泄露扩散到环境中去。气体泄露后，会产生毒害性（氯化氢气体）、窒息性（二氧化碳气体）、刺激性、腐蚀性、助燃性等危险性质。如果泄露的气体是可燃或易燃的，与空气混合达到爆炸极限，遇明火还会发生爆炸，所以一定要避免气体的泄露。

4. 可燃性气体与空气形成的混合气体的易爆性

易燃气体与空气混合到一定程度时，遇明火会发生燃烧或爆炸。这个用易燃气体在空气中的体积百分比所表示的浓度范围，称为燃烧范围或爆炸范围。这个范围由燃烧（爆炸）上限和燃烧（爆炸）下限所限定。在燃烧下限以下，由于易燃气体浓度低，不支持燃烧；在燃烧上限以上，由于缺少氧气，不能支持燃烧。很显然，爆炸下限越低、爆炸范围越宽的气体，其燃烧和爆炸的危险性越大。

5. 毒性和窒息性

有毒气体（包括腐蚀性气体）如果发生泄露，主要通过呼吸道进入人体，导致人体中毒。像一氧化碳、氯甲烷、氯化氢等都是剧毒气体。衡量气体毒性的量度是半数致死量。这一参数是通过对实验动物施毒所得到的结果来推断对人的毒性。对气态有毒或腐蚀性的物质的实验具体方法是：用雄性或雌性刚成熟的白鼠连续吸入该气体 1 小时，在 14 天内使实验动物几乎半数死亡所施用的气体浓度。结果用每升空气中该气体的毫升数（ppm）来表示。

另外，由于气体的扩散性，即使其非易燃、无毒，但因其在环境中会冲淡氧的浓度，同样会造成人员的窒息伤害。

例如：氢气的相关指标如下：

相对密度 0.0695；

熔点 -259.14℃；

沸点 -252.85℃；

临界温度 -239.9℃；

燃烧热 57.8kal/g；

爆炸范围 4~75%；

液气膨胀比 865

（三）易燃液体（Inflammable Liquid）

易燃液体是指闭杯闪点在 61℃或以下，易散发出易燃蒸汽的液体、液体混合物或含有固体物质的（油漆）液体。闪点（Flash Point）是表示易燃液体易燃程度的指标，是指易燃液体的蒸汽与空气形成的混合物，在遇到明火时瞬间闪光的最低温度。一般说来，闪点越低，易燃性就越强。按闪点的范围不同易燃液体可以分成三类：低闪点液体（闪点低于-18℃，汽油、乙醚等）、中闪点液体（闪点在-18℃～23℃的液体，苯、甲苯等）、高闪点液体（闪点在 23℃～61℃的液体，丁醇等）。

易燃液体的危险性质有：

1. 挥发性

易燃液体大都沸点低、闪点也较低，同时有较强的挥发性。随着温度的上升、空气流动速度的加快，挥发性也会加大，挥发出来的易燃液体的蒸汽与空气混合后达到一定的浓度，遇明火极容易燃烧爆炸。

2. 易燃性

易燃液体闪点低、燃点和自燃点也较低，因此在适宜的温度条件下，就表现出了极大的易燃性。燃烧后会产生大量的热量，在密闭的空间里会产生爆炸性。

3. 易爆性

易燃液体燃烧后产生大量的热量有爆炸的可能性，同时，易燃液体还有较强的挥发性，挥发出来的气体如果在包装非常严密的条件下，会在密闭容器中积蓄，达到一定程度，也会发生爆炸。此外，易燃液体挥发出来与空气混合达到爆炸极限，遇明火会发生直接的爆炸。

4. 有毒性

大多数易燃液体都有一定的毒害性，对人体的内脏器官有较强的毒害作用。比如石油、二硫化碳等。尤其是那些比重比空气大的易燃液体，挥发泄露出来后，会沉积在船舱、库房的低洼处，更容易对人体造成伤害。

5. 受热膨胀性

易燃液体的密度一般比较小、沸点低、挥发性强，因此在环境温度较高的条件下，体积容易膨胀，同时挥发出来的易燃液体，也会出现鼓桶的现象，极易造成爆炸等恶性事故。

6. 粘性

粘性也可以称为黏度，是衡量液体流动性强弱的指标，是指液体流动时内部摩擦力的大小。摩擦力越大，一般说来液体的流动性就越差，反之亦然。液体的流动性除了与自身的黏度有关外，还与温度条件有关，一般温度越高，液体的流动性就越强，所以可以利用液体的这个性质，来提高液体特别是散装液体的装卸速度。易燃液体的粘性都较小。

7. 流动扩散性

易燃液体由于粘性较小，因此极易流动，同时又有较强的挥发性和渗透性，因此外包装即便有很小的缝隙也会四处流淌，再加上挥发就会不断扩大表面积，增加了燃烧和爆炸的危险。

8. 污染性

易燃液体大都具有一定的污染性，如原油。因此，在运输、装卸以及储存中要采取适当的措施，防止泄露造成污染。

（四）易燃固体、易自燃物质和遇水燃烧的物质

第四类物质都具有燃烧的性质，但成因不同：易燃固体一般燃点低，对外界的温度或明火敏感，燃烧迅速。如硫磺。易自燃物质，燃点、自燃点较低，一般是在空气中发生氧化，产生大量热量而导致的燃烧，一般不需要外界点火。如磷。遇水燃烧的物质，一般是与水接触后，发生剧烈的化学反应，瞬间产生大量的热量或可燃性气体，进而导致的燃烧。一般是一些活泼的还原性较强的物质。如钾、钠等活泼金属。

易燃固体、易自燃物质和遇水燃烧的物质表现出来的危险性质，一般有：

1. 燃烧性

该类物质大多是由于发生了氧化还原反应，产生了大量热量或可燃气体而导致的燃烧。燃烧非常迅速，产生大量的热量如果不能及时散去，还有可能引发危险性更大的爆炸。

2. 自燃性

自燃是不需要外界点火就能自行燃烧的性质。自燃的发生是由于物质的自行发热（如氧化反应）和散热速度处于不平衡状态而使热量积蓄达到燃点的结果。易自燃的物质多数是不容易氧化分解的物质，并且一般燃点较低。在开始缓慢氧化的初期，都会产生热量，热量如果散发的不及时，就会不断的积蓄，进一步促进氧化的进行，当热量继续积累，达到燃点时，该物质就会自行燃烧起来，产生比氧化过程多得多的热量，如果还不能及时散出去，在密闭的空间里就可能发生爆炸。

3. 爆炸性

燃烧的同时一般伴随着爆炸。爆炸是一种剧烈的化学反应，产生的危险后果和破坏性要更加严重。

4. 不稳定性

易自燃的物质一般都不稳定，在空气中遇到适宜的条件就会分解，产生热量，积蓄到一定程度就会燃烧爆炸。例如：赛璐珞、硝化甘油等，在空气中就会自行分解，导致自燃。

5. 毒害性

许多易燃固体有毒，或者在燃烧时产生有毒物质。如硫磺、五硫化二磷等。

（五）氧化剂和有机过氧化物

氧化剂是指具有强氧化性的物质，易放出氧气或极易分解放出大量热量，可导致或促进其他物质的燃烧，甚至引起爆炸。有机过氧化物是指分子组成中含有过氧键的有机物质，如过氧化苯甲酰。

氧化剂与有机过氧化物的特性主要表现在：

1. 强氧化性

该类物质表现出了强烈的氧化性。易与还原剂、水、碱性物质、易燃物质、其他氧化性较弱的氧化剂发生氧化还原反应，产生大量的热量，极易引起燃烧爆炸等恶性事故。例如：过氧化钠、高锰酸钾等遇硫酸反应剧烈，会立即发生爆炸；金属过氧化物（过氧化钠等）遇水放出氧气和大量热量，可以燃烧甚至爆炸；亚硝酸盐遇到氧化性强的高锰酸钾等，会表现出还原性，发生剧烈的氧化还原反应而导致燃烧爆炸等危险事故。

2. 燃烧性

剧烈的氧化还原反应产生大量热量，氧化剂遇高温一般会释放出氧气，而有些反应还会产生可燃性气体，再或者与可燃物接触，所以发生氧化反应的同时一般都会产生燃烧。

3. 爆炸性

剧烈的氧化还原反应和燃烧都会产生大量的热量，如果不能及时散发出去，在密闭的空间里积蓄，就会产生爆炸。

4. 有毒性

氧化剂大都具有不同程度的腐蚀性，有的氧化剂还具有一定的毒性。例如：铬酸酐既有毒，又会烧伤皮肤。所以，在操作时要做好个人的防护措施。

（六）有毒物质

有毒物质进入生物肌体后，能与体液、组织发生生理生化反应，扰乱肌体正常的生理功能，引起暂时性或永久性的病理改变，甚至危及生命。

有毒物质毒害人体的途径一般有三个，分别是：吞咽、呼吸吸入、皮肤接触。

有毒物质的危险特性主要表现在：

1. 毒害性

有毒物质毒害性强弱一般用 LD100、LD50 来表示。

LD100 即绝对致死量，是指使实验的动物全部死亡的最小剂量。LD50 是半数致死量。细致划分还有：急性口服毒物的半数致死量 LD50（用成熟的雌雄性小白鼠做实验，经口摄入，在 14 天内能引起实验动物半数死亡所使用的毒物剂量，结果一般以每千克毫克数来表示）、急性口服毒物的绝对致死量 LD100、急性皮肤接触毒物的半数致死量 LD50、急性皮肤接触毒物的绝对致死量 LD100、急性吸入毒物的半数致死量 LD50、急性吸入毒物的绝对致死量 LD100 等。

有毒物质的具体指标一般如下：

口服：固体 LD50≤500mg/kg，液体 LD50≤2000mg/kg

皮肤接触（24 小时）：LD50≤1000mg/kg

呼吸吸入：LD50≤10mg/l

2. 溶解性

有毒品的溶解度越大毒性也就越强。因为越易溶解在水里的物质被人体吸收也就越容易，因此危害也就越大。有的物质虽然在水里的溶解度不大，但容易溶解在脂肪里，也会对人体产生较大的毒害性。如苯。

3. 挥发性

挥发性越强的有毒物质，变成气体的概率越高，在空气中的浓度就越大，被人体呼吸吸入后产生的损害也越大。所以，有毒物质的毒害性与其挥发性是有着密不可分的关系的。

4. 颗粒度

有毒物质的颗粒度越小，与人体的皮肤接触或被呼吸吸入的概率也会加大，经口腔进入人体后，溶解性也会加强，所以颗粒度也是影响有毒物质毒害性的一个特殊性质。

（七）放射性物质

放射性物质是指放射性比度大于7400bq/kg，能在自然状态下放出大量人眼看不到的、穿透能力很强的放射线的物质。常见的放射性物质有铀、钍等。

常见的放射线有α射线（甲种射线）、β射线（乙种射线）、γ射线（丙种射线）和快中子射线。放射性物质对人体的危害是很大的，有的潜伏期还很长，多为血液类疾病。对于放射性物质的预防只能是想办法去除放射性物质或用适当的吸收和屏弊材料。

其中，穿透能力最强的是γ射线，任何物质都不能将其完全吸收，较好的吸收材料是铝和铁；穿透能力较差的是α射线，一般普通的纸或衣服就可以挡住，但要防止α射线进入人体内部所造成的内辐射。

（八）腐蚀性物质

腐蚀性物质是指具有腐蚀性的物质，某些物质表面在与其接触时会发生化学反应，使得物质表面受到破坏。

具有腐蚀性的多是强酸、强碱或是与水作用能生成强酸、强碱的物质。如硫酸、盐酸、三氧化硫等。

腐蚀性物质所具有的特殊危险特性有：

1. 腐蚀性

腐蚀性一方面能对某些物品表面比如金属造成破坏，同时还会对人体皮肤或组织造成伤害。一般的腐蚀性物质在与人体皮肤接触后4小时内就会出现坏死现象。联合国将腐蚀品腐蚀性能的大小分成了三个等级，分别是大、中、小类，是按实验中，对皮肤损伤所用时间的多少来划分的。在3s中之内的是大类；3～60s内的是中类；在1～4小时之内的是小类。所以，腐蚀品的运输和装卸环节一定要采取适当的防护措施。

2. 有毒性

腐蚀性对人体皮肤的破坏本身就是一种损伤，但有的腐蚀性物质本身也有一定的毒性。如三聚氰酰氨、氨水等。

3. 散发大量热量

许多腐蚀性物质遇水时会释放出大量热量，灼伤人体甚至引发燃烧爆炸等恶性事故。如浓硫酸。

（九）杂类危险物质

杂类危险物质，是指除了上述八种危险物质以外的，危险性质相对较低的，不适合归类于上述任何一种的危险物质。如低度危险的鱼粉、安全火柴等。

在《水路危规》中第9类只列明了二氧化碳（固体的）这一种物质。

二氧化碳，固体的（干冰），GB92001，包装类III，积载类C。

复习思考题

一、选择题

1．下列危险品编号中，危险性最大的是（ ）。

A．31024 B．31567 C．32035 D．33543

2．下列爆炸极限中最危险的是（ ）。

A．甲烷 5%～15% B．乙烷 3%～12.5%

C．乙醚 1.7%～48% D．丙酮 2%～12.8%

3．有毒物质毒害人体的途径主要有（ ）。

A．吞咽 B．呼吸吸入

C．皮肤接触 D．以上都不对

4．有毒物质影响毒害性强弱的主要有（ ）。

A．毒害性 B．颗粒度

C．溶解度 D．挥发性

5．下列危险品中属于忌装货物的有（ ）。

A．过氧化钠与亚硫酸钠 B．过氧化氢与亚硝酸钠

C．浓硫酸与火碱 D．高锰酸钾与高锰酸钠

6．在《国际危规》中，氰化钾应属于（ ）类。

A．6.1类 B．6.2 C．7.1 D．3

7．下列（ ）物质属于自燃物品。

A．黄磷 B．盐酸 C．丙酮

8．（ ）的粉尘颗粒对人体的危害更大。

A．较大的 B．较小的 C．无所谓

9．浓硫酸属于（ ）类危险品。

A．爆炸品 B．腐蚀品 C．易燃液体

10．下列氧化剂中，不能与其他三种物质存放在一起的是（ ）。

A．高氯酸钾 B．高锰酸钾

C．高锰酸钠 D．亚硝酸钠

11．碳化钙在《国际危规》中应属于（ ）类。

A．4．1 B．4．2 C． 4．3 D．5．1

二、思考题

1．《国际危规》将危险品分成了哪9类？

2．易燃液体的性质表现在哪些方面？

3．在装运过程中，如何防止有毒物质对人体的侵害？

4．放射性物质是如何危害人体的？如何采取有效的防护措施？

第二节　危险货物的包装与标志

在货物包装的介绍过程中，我们知道了包装最基本的功能是保护，保护内装货物的质量完好、数量完整；对于危险货物来说，保护功能还表现为防止危险货物泄露、危险事故发生。所以，危险货物包装对于危险货物的运输、保管、装卸而言，是安全的第一道防线。

一、危险货物的运输包装

我们知道，货物运输包装的基本制作要求是“坚固、经济、适用、可行”，在危险货物上也同样适用。我们把它称做一般要求。根据危险货物的性质和水路运输的特点，包装应满足以下基本要求：

（1）包装的规格、型式和单件质量（重量）应便于装卸或运输。

（2）包装的材质、型式和包装方法（包括包装的封口）应与拟装货物的性质相适应。包装内的衬垫材料和吸收材料应与拟装货物性质相容，并能防止货物移动和外漏。

（3）包装应具有一定强度，能经受住运输中的一般风险。盛装低沸点货物的容器，其强度须具有足够的安全系数，以承受住容器内可能产生的较高的蒸气压力；除爆炸品、压缩气体、液化气体、感染性物品和放射性物品的包装外，危险货物的包装按其防护性能分为：

I 类包装　适用于盛装高度危险性的货物；

II 类包装　适用于盛装中度危险性的货物；

III 类包装　适用于盛装低度危险性的货物。

（4）包装应干燥、清洁、无污染，并能经受住运输过程中温湿度的变化。

（5）容器盛装液体货物时，必须留有足够的膨胀余位（预留容积），防止在运输中因温度变化而造成容器变形或货物渗漏。

（6）盛装下列危险货物的包装应达到气密封口的要求。

1）产生易燃气体或蒸气的货物。

2）干燥后成为爆炸品的货物。

3）产生毒性气体或蒸气的货物。

4）产生腐蚀性气体或蒸气的货物。

5）与空气发生危险反应的货物。

危险货物的包装除了一般要求外，对于第 1、2、5.2、6.2、7 类危险货物还有符合其性质的特殊要求。例如：对第 2 类气体，还规定：

1）需要用特殊的压力容器来盛装。

2）耐压容器还必须符合的最低要求是：耐压容器必须以与所装内容不会发生反应的材料制造，并能抵抗在正常运输情况下所要受到的内部压力而无任何爆破、破裂或永久变形的危险；关闭阀门必须以与所装内容不会发生反应的材料制成，并能完全紧密地装在耐压容器上，在正常运输情况下不致受损。

3）气体容器的装运，应符合国际标准。在使用前应经过性能试验，在使用的过程中也应定期进行试验。

4）充注要求：压缩气体容器的充气应使正常装满的容器的内部压力不超过最大容许充

气压力；液化和加压溶解气体容器的充注应使实际的充注比率不超过对其所允许的最大充注比率。

再比如对于第1类爆炸品，还规定：

1）盛装液体爆炸品的容器封闭装置，应具有防止渗漏的双重保护。

2）除内包装能充分防止爆炸品与金属接触外，铁钉和其他没有防护涂料的金属部件不得穿透外包装。

3）双重卷边接合的钢桶、金属或以金属做衬里的包装箱，应能防止爆炸物进入缝隙。钢桶或铝桶的封闭装置必须有合适的垫圈。

4）对外部电磁辐射敏感的电引发装置的爆炸物品的包装，应具有防止所装物品受外部电磁辐射影响的效能等。

二、危险货物的标志

危险货物的标志是指在包件上使用图案和相应的说明描述所装危险货物的危险性和危险程度。也有称之为安全标志的，是通过图案、文字说明等信息鲜明、简洁地表现危险货物特性和类别，向作业人员传递安全信息的警示性资料。

标志可采用粘贴、钉附及喷涂等方法。标志应粘贴、刷印牢固，在运输过程中清晰、不脱落。

在箱装包装上，标志应当位于包装端面或侧面的明显处；在袋、捆装包装上，标志应当位于包装明显处；在桶形包装上，标志应当位于桶身或桶盖；在集装箱、成组货物上，标志应当粘贴四个侧面。除因包装过小只能粘贴或刷印较小的标志外，危险货物标志不应小于100毫米×100毫米；集装箱、可移动罐柜使用的标志不应小于250毫米×250毫米。

每种危险品包装件应按其类别贴相应的标志。但如果某种物质或物品还有属于其他类别的危险性质，包装上除了粘贴该类标志作为主标志以外，还应粘贴表明其他危险性的标志作为副标志。主副标志的区分一般按照有无危险类别，且副标志图形的下角不应标有危险物的类项号。标志应清晰，并保证在货物储存、运输、装卸过程中不脱落。

危险货物包装标志的图形共21种，19个名称。

例如：图6-2所示为第七类放射性物质与第1.5类爆炸品标志。

图6-2 危险标志

三、危险货物的运输单证

危险货物的运输单证应包含的内容有：

（1）正确的运输名称。正确的运输名称包括：

1）准确定义的物质或物品（使用技术名称）：如丙酮、亚硝酸乙酯溶液。

2）准确定义的通用的运输名称：胶合剂、有机过氧化物，B 型，液体的。

3）未另列明的特定的运输名称：硝酸盐，无机的，未另列明的、醇类，未另列明的。

4）未另列明的通用的运输名称：易燃固体，有机的，未另列明的、易燃液体，未另列明的。

（2）危险性分类。应提供细分类；对于第一类爆炸品还应提供配装类、积载类。

（3）联合国编号。一般用 UNNO 表示。

（4）危险货物的包装种类、件数及总数量。

应补充的信息：

（1）如果最低闪点为 61℃或以下（以℃闭杯闪点标出）。对于同样易燃的 5.2 类有机过氧化物不必标明闪点。

（2）正确运输名称中未说明的副危险性。

（3）海洋污染物和加温物质的说明。

（4）对 4.1 类和 5.2 类应标明控制温度和应急温度。

在危险货物运输单证上要求的信息顺序可以自行安排，但正确的运输名称、类别、联合国编号及包装应是优先且连续的。例如：

“蚁酸　UN1779”；

“易燃液体 未另列明的（乙醇及十二烷基苯酚），第 3.2 类，UN1993，包装类 II，海洋污染物”；

“有机氯农药，固态的、有毒的、未另列明的（艾氏剂 19%），第 6.1 类，UN2761，包装类 III，海洋污染物”。

复习思考题

一、选择题

1．集装箱和成组装货物的危险标志应该粘贴在（　　）。

A．侧面和顶端　　B．两个顶端

C．四个侧面

2．下面哪组是化学品标签中的警示词（　　）。

A．危险、警告、注意　　B．火灾、爆炸、自燃

C．毒性、还原性、氧化性

3．标明了安全使用注意事项和防护基本要求的是（　　）。

A．化学品标志　　B．化学品安全标签

C．危险化学品标志

4．运输危险化学品的车辆放置于驾驶室顶部的灯是（　　）。

A．黄色三角形　　B．黄色长方形

C．红色三角形

5．关于危险化学品包装上面的标签，说法正确的是（　　）。

A．化学品用尽后应及时撕去　　B．化学品用尽后也不能随意撕去

C．知道是什么化学品后就可以撕去

二、思考题

1．危险货物运输包装的一般要求有哪些？

2．危险货物运输标志与单证中应包含哪些基本内容？

第三节　危险货物的积载与隔离

一、危险货物运输船舶的适载条件

（1）装运危险货物时，承运人应选派技术条件良好的适载船舶。船舶的舱室应为钢质结构。电气设备、通风设备、避雷防护、消防设备等技术条件应符合要求。

（2）500 总吨以下的船舶以及乡镇运输船舶、水泥船、木质船装运危险货物，按国家有关规定办理。

（3）客船和客渡船禁止装运危险货物。客货船和客渡船载客时，原则上不得装运危险货物。确需装运时，船舶所有人（经营人）应根据船舶条件和危险货物的性能制定限额要求，部属航运企业报交通部备案，地方航运企业报省、自治区、直辖市交通主管部门和港务（航）监督机构备案。并严格按限额要求装载。

（4）除客货船外，装运危险货物的船舶不准搭乘旅客和无关人员。若需搭乘押运人员时，需经港务（航）监督机构批准。

（5）船舶装运危险货物前，承运人或其代理应向托运人收取规定的有关单证。办理危险货物运输、装卸时，托运人、作业委托人应向承运人、港口经营人提交以下有关单证和资料：

1）“危险货物运输声明”或“放射性物品运输声明”。

2）“危险货物包装检验证明书”或“压力容器检验合格证书”或“放射性物品包装件辐射水平检查证明书”（格式四）。

3）集装箱装运危险货物，应提交有效的“集装箱装箱证明书”（格式五）。

4）托运民用爆炸品应提交所在地县、市公安机关根据《中华人民共和国民用爆炸物品管理条例》核发的“爆炸物品运输证”。

5）除提交上述有关单证外，对可能危及运输和装卸安全或需要特殊说明的货物还要提交有关资料。

（6）载运危险货物的船舶，在航行中要严格遵守避碰规则。停泊、装卸时应悬挂或显示规定的信号。除指定地点外，严禁吸烟。

（7）装运爆炸品、一级易燃液体和有机过氧化物的船舶，原则上不得与其他舶船混合编队、拖带。如必须混合编队、拖带时，船舶所有人（经营人）要制定切实可行的安全措施，经港务（航）监督机构批准后，报交通部备案。

二、危险货物的积载要求

除第一类爆炸品外，为了适当地积载危险货物，将危险货物分为不同的积载类。积载类是对不同船舶有不同的要求。船舶分为：货船：是指专门从事货物运输的船舶，但包括载客限额不超过 25 人或船舶总长每 3m 不超过 1 人的客船；客船：是指载客超过限制数额的其他客船。

（一）危险货物的积载种类

危险货物的积载分为舱面积载和舱内积载两种。

1. 舱面积载

（1）在舱面（露天甲板）。

（2）在有遮蔽的舱面。

（3）在有防护的舱面。

2. 必须在舱面积载的危险货物

（1）需要经常检查的货物。

（2）需要近前检查的货物。

（3）能生成爆炸性气体混合物，产生剧毒蒸气或对船舶有强烈腐蚀性的货物。

（4）有机过氧化物。

（5）发生意外事故时必须投弃的货物。

（二）危险货物积载的一般注意事项

（1）船舶危险货物的积载，要确保其安全和应急消防设备的正常使用及过道的畅通。

（2）滚装船装运“只限舱面”积载的危险货物，不应装在封闭和开敞式车辆甲板上。

（3）纸质容器（如瓦楞纸箱和硬纸板桶等）应装在舱内，如装在舱面，应妥加保护，使其在任何时候都不会因受潮湿而影响其包装性能。

（4）发生危险货物落入水中或包装破损溢漏等事故时，船舶应立即采取有效措施并向就近的港务（航）监督机构报告详情并做好记录。

（5）危险货物装船后，应编制危险货物清单，并在货物积载图上标明所装危险货物的品名、编号、分类、数量和积载位置。

三、几类常见危险货物的积载

（一）第1类危险货物的积载

不同的第1类货物，按其特殊要求不同有不同的积载种类。

1. 积载Ⅰ类（即普通货舱）

积载要求：阴凉、干燥、清洁，通风良好的场所；远离热源部位；装载在木质舱板上，严禁与金属甲板接触；除1.4类外，必须与船员等居住的场所分隔开来，其中第1.1类应装载在远离居住场所的地方。

2. 积载Ⅱ类（即弹药舱）

积载要求：弹药舱分成了A、B、C型。

A型弹药舱除了要符合积载Ⅰ类的要求外，还要求：应是封闭的；弹药舱在货物各边应装有密合的模板和密合的地板；船侧和船壁应清洁无锈蚀；所有支柱等未加防护的铁物部分，应保持清洁并加装条板；弹药舱内积载货物的顶端距离上面的内面至少应有30cm。

B型弹药舱除了地板不需以木板密闭，应加护板或用木质货板或双层垫木防护外，其余与A型相同。

C型弹药舱要求与B型相同，但必须建在距离船舶任何一侧都不少于2.5m的地方。

3. 积载Ⅲ类（即烟火材料）

除了符合积载Ⅰ类的要求外，由于烟火材料在运输中容易受损，还要求没有不同的货物直接装在它上面。

4. 积载Ⅳ类（即特别项目）

例如：毒性的爆炸品应积载在密封的或通风良好的场所。

5. 舱面积载

在舱面积载的第1类危险品，应注意：遮盖，防火，距离火或易燃的材料6m以上、距离驾驶台、居住舱室不应少于8m等。

（二）第2类危险货物的积载

积载的一般要求：

（1）在运输过程中容器应尽可能保持阴凉，容器的积载应“远离”一切热源。

（2）容器应按下列方式积载：

1）容器应衬垫以防止直接接触钢制甲板而引起撞击、碰撞等事故发生。

2）容器垂向积载时，应成组积载并用坚实的木制箱或框围蔽、缚牢，并与钢制的甲板之间使用衬垫。

3）舱面积载时，应采取适当的遮蔽或防护措施，防止钢瓶受到阳光照射。

4）舱内积载时，应选择有机械通风装置的货舱，便于合理通风，控制适宜的温湿度条件并驱散危险性气体。

（3）应采取措施防止泄漏的气体逃逸到船舶的其他处所，尤其是易燃和有毒的气体。

（4）气体的积载方式应确保在运输时不会进入生活区、机舱和其他船员工作生活的场所，要求船员的舱室、厨房、机舱等是气密的。

（三）海洋污染物的积载

某些海洋污染物可能会导致海洋环境受到危害，这些物质除了要按照规定的要求积载外，还必须注意合理装载和加固，将其泄露污染的危害减少到最小程度，同时保证船上人员的安全不受损害。其积载要注意：

（1）除非在露天甲板能提供等效的防护，否则应选择舱内积载。

（2）如果要求仅限舱面积载，应选择在有良好防护的甲板或露天甲板遮蔽处所中积载。

（四）溶液和混合物的积载

如果溶液或混合物中含有一种或一种以上的非危险物质和一种本规则所标明的危险物质，当这类溶液或混合物根据通用条目或未另列明条目进行运输时，它们必须依照有关此类通用条目或未另列明条目所列出的积载类别进行积载。

四、危险货物的隔离原则与隔离术语的含义

（一）隔离原则

凡属下列情况之一的必须进行有效隔离：

（1）性质不相容的物品之间。

（2）某些特殊物质与能助长其危险性的物质。

（3）易燃物品与遇火可能发生爆炸的物品。

（4）性质相似但灭火方法不同的货物。

（5）性质相似但危害性大，发生事故后不易扑救的货物。

（二）常见的隔离术语与含义

（1）隔离“1”称为“远离”，只要在水平距离不少于 3m，可以在同一舱室、同一货舱或甲板的不同高度积载。

（2）隔离“2”称为“隔离”，指应装载在不同的舱室（舱室之间的甲板必须是防火防液的）或货舱。若在舱面积载，水平距离应不小于 6m。

（3）隔离“3”即用一整个舱室或货舱，可按垂直或水平方向隔离一个舱室或货舱，舱室间的甲板应是防火防液的。如舱面积载，水平距离应不少于 12m。

（4）隔离“4”即在水平方向隔离一个货舱。单独的垂向距离不符合这一要求。舱面积载时，水平距离应不少于 24m。

例如：标有第 6.1 类、包装类Ⅰ和Ⅱ或第 2.3 类标志的有毒物质和物品的积载应当注意与食品隔离，除非这些物质与食品是分别装在不同的封闭运输组件内。

其积载要求有：

（1）所有感染性物质与食品的积载应采用“用一整个舱室或货舱隔离”。

（2）标有第 7 类标志的放射性材料的积载应与食品“隔离”。

（3）标有第 8 类标志的腐蚀性物质和物品以及标有第 6.1 类的包装类Ⅲ的有毒物质的积载应与食品“远离”。

复习思考题

1．危险品必须在舱面积载的有哪些？
2．危险货物积载的一般要求有哪些？
3．危险货物的隔离原则是什么？
4．常见的危险货物的隔离术语有哪些？含义是什么？

第四节 危险货物的运输与安全储存

运输是危险货物流通过程中的一个重要环节，道路运输条例第二十八条规定：运输危险货物应当配备必要的押运人员，保证危险货物处于押运人员的监管之下，并悬挂明显的危险货物运输标志。托运危险货物的，应当向货运经营者说明危险货物的品名、性质、应急处置方法等情况，并严格按照国家有关规定包装，设置明显标志。

一、危险货物运输的注意事项

（1）国家对危险货物的运输实行资质认定制度，未经过资质认定的，不得运输危险品；危险品的运输企业必须具备的条件由国务院交通部门规定。托运危险品必须出示有关证明，向指定的交通、航运等部门办理手续。

1）装运第 1、2、3、6、7 类等危险货物，必须使用符合要求的运输工具。例如：水泥船、木船原则上不准装载易燃液体、有毒物质、放射性物质和遇水燃烧的物质。

2）运输危险货物必须悬挂明显的危险货物运输标志。

运输途中，在车辆上悬挂或装置危险货物运输标志，是非常必需的，这有利于提醒其他车辆和行人避让和注意安全。道路运输危险货物车辆标志分为三角形灯和矩形标牌两种。磁吸式三角形顶灯为塑料罩壳，等腰三角形，底部金属板外加以定形橡胶制品罩。三角形灯中间印有“危险品”黑体字样。运输使用时必须端放于驾驶室顶部外表面前端中间位置。三角形顶灯按车辆吨位分为 D-1 型磁吸式三角形顶灯和 D-2 型磁吸式三角形顶灯，D-1 型磁吸式三角形顶灯适用于 2 吨（含 2 吨）以下车辆；D-2 型磁吸式三角形顶灯适用于 2 吨以上车辆。矩形标牌为金属板材，中间印有“危险品”黑体字样。运输时应与磁吸式三角形顶灯同时使用，安装于车辆尾部的右方，与车辆牌照相对应。

3）运输危险货物应当配备必要的押运人员，保证危险货物处于押运人员的监管之下。

设定危险货物运输押运人员配备制度，有利于确保危险货物一直处于押运人员的监管之下，防止被盗、丢失；有利于按照规定的要求进行运输、装卸、堆放；有利于在发生危险货物运输事故后，正确处理，防止损失进一步扩大。

4）危险品的装卸、运输人员必须配备适当的防护措施，并掌握危险化学品的应急措施和安全知识。

（2）装卸、储存易燃易爆危险货物，应使用专用码头、仓库、货场。

（3）易燃易爆危险货物应分类储存、留有安全间距，严禁将产生物理、化学反应的货物混装混放。遇水燃烧、禁冻、禁晒的危险货物，严禁在露天、低温、高温处存放。

二、危险货物的安全储存

危险货物储存的一般注意事项有：

（1）经常装卸危险货物的港口，应建有存放危险货物的专用库（场）；建立健全管理制度，配备经过专业培训的管理人员及安全保卫和消防人员，配有相应的消防器材。库（场）区域内，严禁无关人员进入。

（2）危险货物专用库（场）存放危险货物，应经港口管理机构批准，并根据货物性质安装安全电气照明设备，配备消防器材和必要的通风、报警设备。库内应保持干燥、阴凉。

（3）危险货物入库（场）前，应严格验收。包装破损、撒漏、外包装有异状、受潮或沾污其他货物的危险货物应单独存放，及时妥善处理。

（4）危险货物堆码要整齐、稳固，垛顶距灯不少于 1.5m；垛距墙不少于 0.5m、距垛不少于 1m；性质不相容的危险货物、消防方法不同的危险货物不得同库存放，确需存放时应符合附件四中的隔离要求。消防器材、配电箱周围 1.5m 内禁止存放任何物品。堆场内消防通道不少于 6m。

（5）存放危险货物的库（场）应经常进行检查，并做好检查记录，发现异常情况迅速处理。

（6）危险货物出运后，库（场）应清扫干净，对存放危险货物而受到污染的库（场）应进行洗刷，必要时应联系有关部门处理。

（7）运抵港危险货物，承运人或其代理人应提前通知收货人做好接运准备，并及时发出提货通知。交付时按货物运单（提单）所列品名、数量、标记核对后交付。对残损和撒漏的地脚货应由收货人提货时一并提离港口。收货人未在港口规定时间内提货时，港口公安部门应协助做好货物催提工作。

（8）对无票、无货主或经催提后收货人仍未提取的货物，港口可依据国家“关于港口、车站无法交付货物的处理办法”的规定处理。对危及港口安全的危险货物，港口管理机构有权及时处理。

危险货物的储存也是其安全工作中必不可少的重要环节，对于不同的危险货物，因为性质差异很大，所以在储存时也有不同的要求。

下面以爆炸品为例做一下简单说明。

（一）储存条件

库顶宜采用轻型不燃隔热材料，地面平整，适宜采用沥青压平，通风条件良好，经常保持干燥。建筑面积不宜过大，一般不超过 100m^2 为好；为防日光照射，库房要最好安装不透明玻璃或用白色涂料涂刷，库内照明最好采用防爆灯。

（二）爆炸品入库

1. 分类分区定位管理

储存爆炸品，必须按性质进行分类、分区、定位管理。爆炸品严禁与氧化剂、有机物、酸、碱、盐类物质、易燃品以及金属粉末同库储存，同时爆炸品要按照其配装类别进行合理的储存。例如：标有相同配装类别的可以同库储存。1.1B 与 1.1B 的爆炸品。

2. 加强入库检查

爆炸品入库时，除了要核对危险品的名称、规格、数量外，重点还要验收包装，检查包装是否出现破损、渗漏、污染、水湿等异常情况，如发现不得入库。爆炸品的验收一般不开箱，如确属必须开箱检验的，应分批在安全的地方进行，开箱过程要符合安全操作规程，用力不要过猛，要轻稳，严防震动。

3. 堆码苫垫

危险品的垫垛，一般应垫有 10cm 以上高度的方型枕木，堆码高度要适宜，一般不超过 1.5m，垛型一般采用行列垛，垛距不少于 1m，墙距、柱距不少于 0.5m，灯距不少于 1.5m，消防通道要不少于 6m，货垛要整齐、牢固，标志朝外，桶口朝上，留出适宜的空间，以便于出入库的安全操作、通风检查和消防等。

爆炸品所采用的苫垫材料必须与其性质不抵触，清洁干燥，不得沾有氧化物、易燃品、金属粉末等与其能发生反应的物质。

4. 安全操作

操作过程要严格按照安全操作规程，要轻拿轻放，不得抛、掷、扔等野蛮操作，严禁碰撞、震动等冲击；作业过程中严禁吸烟，入库人员严禁携带火种和其他明火作业，不准穿化纤衣服或带铁钉的鞋；作业人员应采用适当的防护措施。

（三）爆炸品的在库

1. 加强爆炸品的在库检查

爆炸品的在库检查同样也一般不打开包装，要每日定时检查包装是否有湿损、破损等异常现象，门窗是否严密，是否被日光暴晒或雨水浸湿等。

2. 温湿度的控制

爆炸品大多有吸湿性，有的爆炸品吸湿后爆炸性会增强，所以控制库房的温湿度是极为重要的。一般来说，夏季储存爆炸品的库房温度应不高于 30℃，相对湿度不高于 75%。要每日定时（一般 2～3 次）测量并做好记录，根据需要采取适当的通风、密封和吸潮工作。

（四）爆炸品的出库

爆炸品的保管一般采用双人双锁，货物出库时，必须认真核对品名、数量、规格，按单发货，防止错发、漏发；货物提离后，要及时打扫清洗，做到货走地脚清。凡进入危险品库房作业的人员，必须遵守制度，服从库房管理人员的指挥，工作完毕立即离开，不得在危险品库房或周围逗留。

其他危险货物的储存见表 6-1。

表 6-1 其他危险货物的储存

危险货物种类	储存条件	入库管理	在库管理	出库管理
压缩、液化和加压溶解气体	宜专库专存。库房采用耐火材料并隔热，库顶采用轻质耐火材料；库内高度不低于 3.25m，库与库间距应不少于 20m，与生活区距离不少于 50m；窗户外开，地面要光滑；严禁明火灯具；要有适宜的消防条件	应与爆炸品、氧化剂、易燃物质、强酸等隔离存放；入库检查重点是有无漏气现象；堆码时应有专用木架，气瓶要直立堆放、牢固，一般不宜超过三个高	每日定期检查有无漏气或货垛不稳等，进入库房前应先通风并采取适当防护措施；库房温度一般一宜超过 32℃，相对湿度一般不超过 80%	货物出库时，必须认真核对品名、数量、规格，按单发货，防止错发、漏发
易燃液体	库房应阴凉通风，不能露天储存，库房顶部宜采用轻质耐火材料，不得使用铁质材料；严禁明火灯具；要有适宜的消防条件	不得与氧化剂、强酸、自燃物品等同库存放；入库检查看包装有无破漏、膨胀，封口是否严密等；堆码一般采用行列垛，垛型不宜太大，高度一般 2.5m，一般 2～3 个高，桶口朝上	一般沸点在 50℃以下、闪点在 0℃以下的，温度控制在 25℃以下；采用适宜的降温措施（如密封、涂白等）；有的易燃液体例如环己烷在低温季节还应注意防冻，以防容器破裂或变质	货物出库时，必须认真核对品名、数量、规格，按单发货，防止错发、漏发
易燃固体和物质	库房要阴凉、干燥、通风，要有一定的隔热和防热措施，门窗要便于密封和通风；严禁使用明火灯具；要有一定的消防设施条件	不得与氧化剂、强酸、爆炸品等混存；入库检查有无包装破损、污染等现象；货垛不宜过高，货垛应牢固；垫垛时最好采用防潮地坪	对于特别怕热的易燃固体，例如樟脑、赛璐珞等，温度宜保持在 30℃以下，相对湿度在 80%以下	货物出库时，必须认真核对品名、数量、规格，按单发货，防止错发、漏发
氧化剂和有机过氧化物	库房应干燥、密封、阴凉、通风效果好；严禁明火灯具；要有一定的消防设施条件	不得与爆炸品、易燃、自燃物品、还原剂、金属等同库储存；不能使用铁质工具，最好采用铜制工具作业；操作时要采取适当的防护措施；要轻拿轻放，严禁碰撞、震动等冲击；苫垫材料最好专用；货垛不宜太大	每日按时检查，控制温湿度在合理的范围之内，一般氧化物的库内温度应不超过 35℃，相对湿度控制在 80%以下，最高不要超过 85%	货物出库时，必须认真核对品名、数量、规格，按单发货，防止错发、漏发

三、危险货物的安全管理

危险货物的安全管理必须坚持“预防为主，防消结合”的方针，坚持做到防患于未然。因此，加强安全管理，树立安全生产意识，建立良好的劳动保护制度，建立健全安全生产的岗位责任制度，抓好消防安全是至关重要的。

常见的灭火方法有：冷却法、窒息法、隔离法和化学中断法等四种。针对不同的火灾现场，应有针对性地采取有效的灭火方法。

常见的灭火器与使用的范围为：

（1）干粉灭火器：可用于扑灭易燃液体、可燃气体、电器等的初期火灾。

（2）泡沫灭火器：泡沫灭火器有化学泡沫和空气机械泡沫两种。化学泡沫灭火是利用酸性物质和碱性物质与泡沫稳定剂相互作用，形成泡沫，多用于扑灭油类火灾。空气机械泡沫，是利用一定比例的泡沫溶液与空气，经过水流的机械作用相互混合而形成的。泡沫的成分主要是动物或植物蛋白质类物质，多用于扑灭易燃液体的火灾。

（3）二氧化碳灭火器：可用于扑灭电气火灾、着火范围不大的油类火灾等。

常见的不能用水扑灭的火灾有：

（1）比重比水轻的物质。

（2）遇水能发生反应，产生有毒、可燃性气体等的物质。

（3）遇水能释放大量热量的物质。

（4）没有切断电源的电器火灾等。

案例一：几种常见的危险货物举例：

（1）三硝基甲苯（TNT）（干的或含水<30%），1.1D，UN0209，GB11035，积载类 10。

（2）硫化氢，2.3 类，副危险性 2.1，UN1053，GB21006。

（3）乙醇，13℃（C.C），UN1155，GB31050，包装类Ⅰ，积载类 D。

（4）黄磷，4.2 类，副危险性 6.1、严重海洋污染物，UN1381，GB42001，包装类Ⅰ，积载类 E。

（5）高锰酸钾，5.1 类，UN1490，GB51048，包装类Ⅱ，积载类 D。

（6）氰化钾溶液，6.1 类，UN1680，GB61001，包装类Ⅰ，积载类 B。

（7）放射性物质，六氟化铀，非裂变或意外的可裂变，第 7 类，副危险性 8，UN2978，GB71007，积载类 A。

（8）硫酸，发烟的，第 8 类，副危险性 6.1，UN1831，GB61555，包装类Ⅰ，积载类 C。

（9）二氧化碳，固体的（干冰），第 9 类，UN1845，GB92001，包装类Ⅲ，积载类 C。

案例二：危险货物《IMDG CODE》查阅内容示例：

UNNO：1170

GBNO：32061

正确运输名称：乙醇或乙醇溶液

类别：3

副危险：—

包装类：Ⅱ

特殊规定：144

限量：1L

包装导则：P001

包装规定：PP2

中型散装容器导则：IBC02

中型散装容器规定：—

罐柜导则 IMO：T1

罐柜导则 UN：T4

罐柜导则规定：TP1

EMS1，EMS2：F—E，S—D

灭火剂：抗溶泡沫，雾状水，干粉，二氧化碳，水无效

积载与隔离：积载类 A

特性与注意事项：无色、挥发性液体。

纯乙醇闪点：13℃（C.C），爆炸极限 3.3%～19%，与水混溶。

P001：包装导则（液体）

组合包装		最大容量/净重		
内包装	外包装	包装类 I	包装类 II	包装类III
玻璃 101	桶			
塑料 301	钢（1A2）	75kg	400kg	400kg
金属 401	铝（1B2）	75kg	400kg	400kg
	其他金属（1N2）	75kg	400kg	400kg
	塑料（1H2）	75kg	400kg	400kg
	胶合板（1D）	75kg	400kg	400kg
	纤维（1G）		400kg	400kg
	箱			
	钢（4A）	75kg	400kg	400kg
	铝（4B）	75kg	400kg	400kg
	天然木（4C1、4C2）	75kg	400kg	400kg
	胶合板（4D）	75kg	400kg	400kg
	再生木（4F）	75kg	400kg	400kg
	纤维板（4G）	75kg	400kg	400kg
	多孔塑料（4H1）	75kg	60kg	60kg
	硬塑料（4H2）	75kg	400kg	400kg
	罐			
	钢（3A2）	60kg	120kg	120kg
	铝（3B2）	60kg	120kg	120kg
	塑料（3H2）	30kg	120kg	120kg
单一包装				
桶				
钢，非移动桶顶（1A1）	250L	450L	450L	
钢，移动桶顶（1A2）	禁止	250L	250L	
	250L	450L	450L	
铝，移动桶顶（1B2）	禁止	250L	250L	

续表

组合包装		最大容量/净重		
内包装	外包装	包装类 I	包装类 II	包装类III
其他金属，非移动桶顶（1N2）	250L	450L	450L	
	禁止	250L	250L	
其他金属，移动桶顶（1N1）	250L	450L	450L	
	禁止	250L	250L	
塑料，非移动桶顶（1H1）				
塑料，移动桶顶（1H2）				
罐				
钢，不可拆卸罐顶（3A1）	60L	60L	60L	
钢，可拆卸罐顶（3A2）	禁止	60L	60L	
铝，不可拆卸罐顶（3B1）	60L	60L	60L	
铝，可拆卸罐顶（3B2）	禁止	60L	60L	
塑料，不可拆卸罐顶（3H1）	60L	60L	60L	
塑料，可拆卸罐顶（3H2）	禁止	60L	60L	
	复合包装			
	塑料容器置于钢或铝罐（6HA1，6HA2）	250L	250L	250L
	塑料容器置于纤维塑料或胶合板罐（6HG1，6HH1，6HD1）	120L	120L	120L
	塑料容器置于钢或铝板条箱或箱货物塑料容器置于木、枝条篮、纤维板或硬塑料箱（6HA2，6HB2，6HC，6HD2，6HG2 或 6HH2）	60L	60L	60L
	玻璃容器置于钢铝纤维胶合板硬塑料或多孔塑料罐（6PA1，6PA2，6PG1，6PD1，6PH1 或 6PH2）或置于销售网、铝木纤维板或胶合板箱（6PA2，6PB2，6PC，6PG2 或 6PD2）	60L	60L	60L

PP2：

PP2 对于 UN3065，1170，可以使用木桶（2C1 和 2C2）

IBC02	包装导则	IBC02
若符合 4.1.1、4.1.2 和 4.1.3 一般规定，认可下列包装： （1）金属（31A，31B，31N）； （2）塑料（31H1，31H2）； （3）复合包装（31HZ1）。		
补充规定： 盛装的液体必须是 50℃蒸汽压小于或等于 110kPa，或 55℃时小于或等于 130kPa		
B5 对于盛装 UN 1791，2014 和 3149 的 IBCS，应提供在运输期间允许通气的装置，通气装置的进气口应设在运输期间最大充装条件下的蒸气空间。 B8 该物质纯的形式不应在 IBCS 中运输，因其在 50℃蒸汽压大于 110kPa，55℃时大于 130kPa B11 对 UN1716，1717，1736，1737，1742，1743，1755，1764，1768，1776，1778，1782，1789，1790，1796，1826，1830，1832，2031，2308，2353，2513，2584，2796 和 2817 归于 PGII，IBCS 应安装 2 个关闭装置		

T1 可移动罐柜导则：

可移动罐柜导则		T1－T22		
本可移动罐柜导则适用于第 3 类到第 9 类液态和固态物质。并遵守 6.7.2 的一般规定				
可移动罐柜导则	最低实验压强	最小罐壳厚度（mm 标准钢）见 6.2.7.4	压力释放规定见 6.7.2.8	底部开口规定见 6.7.2.6
T1	1.5	见 6.2.7.4.2	正常	见 6.2.7.6.2

T4 可移动罐柜导则：

可移动罐柜导则		T1－T22		
本可移动罐柜导则适用于第 3 类到第 9 类液态和固态物质。并遵守 6.7.2 的一般规定				
可移动罐柜导则	最低实验压强	最小罐壳厚度（mm 标准钢）见 6.2.7.4	压力释放规定见 6.7.2.8	底部开口规定见 6.7.2.6
T4	12.65	见 6.2.7.4.2	正常	见 6.2.7.6.2

TP1：

TP1 应符合 4.2.1.9.2 的充灌限度

F－E：（非遇水反应燃烧气体）总体建议：

易燃气体在封闭的罐柜内受热，由于液体沸腾导致气体膨胀爆炸而形成火灾，受热的或破裂的钢瓶可能急速向上飞出。用大量的水冷却罐柜。

尽可能在远离火源的安全防护位置上灭火。

如可行，防止溢漏，关闭开着的阀门。

火焰可能看不到。

S—D：（易燃液体）总体建议：

穿戴适宜防护服和自给式呼吸器，避免所有火源（如明灯、无防护灯泡、电动工具、摩擦）。

如可行，立即阻止溢漏。
即便穿戴防护服也要避免接触。
溢漏物可产生易燃气体。
污染的服装需用水冲洗后清除。

复习思考题

一、选择题

1．下列对于剧毒品的描述（ ）是错误的。
A．不准露天堆放　　B．必须双人收发
C．不能用玻璃瓶储存

2．搬运剧毒化学品后，应该（ ）。
A．用流动的水洗手　　B．吃东西补充体力
C．休息

3．强酸灼伤皮肤不能用（ ）冲洗。
A．热水　　B．冷水　　C．弱碱溶液

4．吸湿性强、遇水释放较多热量的化学品沾染皮肤后应立刻（ ）。
A．用冷水冲洗　　B．用清水冲洗
C．用软纸、软布抹去

5．遇水燃烧物质起火时，不能用（ ）扑灭。
A．干粉灭火器　　B．泡沫灭火器
C．二氧化碳灭火器

6．发生危险品泄露事故后，应（ ）方向疏散。
A．下风　　B．上风　　C．顺风

7．进行腐蚀品的装卸作业应戴（ ）手套。
A．帆布　　B．橡胶　　C．棉布

8．以下物品中露天存放最危险的是（ ）。
A．氯化钠　　B．明矾　　C．遇水潮湿物品

9．在易燃易爆场所穿（ ）最危险。
A．布鞋　　B．胶鞋　　C．带钉鞋

10．下面做法错误的是（ ）。
A．同车运输氧化剂与还原剂　　B．公安机关检查运输的危险化学品
C．车辆熄火装卸危险化学品

11．可燃物遇空气氧化放出热量而自行燃烧属于（ ）。
A．点燃　　B．自燃　　C．闪燃

12．化学品泄露事故发生时，下面（ ）做法是错误的。
A．报警　　B．进行交通管制
C．所有人员参与救援

13．易燃易爆场所不能穿（ ）。
A．纯棉工作服　　B．化纤工作服

C．防静电工作服

14．下列（　　）有毒气体有臭鸡蛋气味。

A．二氧化硫　　B．硫化氢　　C．二氧化氮

15．在装卸易燃易爆品时，不能使用（　　）工具。

A．铁制　　B．木制　　C．铜制

16．下面（　　）种方法不能防止静电危害。

A．增湿　　B．接地　　C．加强绝缘

17．下列哪两种物质遇水会发生燃烧。（　　）

A．钾钠　　B．铜银　　C．铁铝

二、判断题

1．化学性质相抵触或灭火方法不同的两类危险品，不得混合储存。（　　）

2．一般来说，燃点越低的物品越安全。（　　）

3．一般不能用化学方法中和或使用其他方法使放射性物质不发出射线，只能设法将放射性物质屏蔽或清除。（　　）

4．只有危险化学品生产企业需要制定应急救援措施。（　　）

5．当一种化学品有两种以上危险性时，应使用主标志表示主要危险性类别，并用副标志标明次要危险性质。（　　）

三、思考题

1．如何加强危险品的安全储存？

2．常用的灭火方法有哪些？

3．常见的不能用水扑救的火灾有哪些？

附录　国内水路货物运输规则

（2000年7月17日经第八次部长办公会议通过　2000年8月28日交通部部长令2000年第9号公布　2001年1月1日起施行）

第一章　总则

第一条　为了明确国内水路货物运输有关当事人的权利、义务，保护其合法权益，依据有关法律、行政法规，制定本规则。

第二条　中华人民共和国沿海、江河、湖泊以及其他通航水域中从事的营业性水路货物运输适用本规则。

内河拖航视为水路货物运输，适用本规则。

第三条　本规则下列用语的含义是：

（一）水路货物运输合同（以下简称“运输合同”），是指承运人收取运输费用，负责将托运人托运的货物经水路由一港（站、点）运至另一港（站、点）的合同。

（二）班轮运输，是指在特定的航线上按照预定的船期和挂港从事有规律水上货物运输的运输形式。

（三）航次租船运输，是指船舶出租人向承租人提供船舶的全部或者部分舱位，装运约定的货物，从一港（站、点）运至另一港（站、点）的运输形式。

（四）承运人，是指与托运人订立运输合同的人。

（五）实际承运人，是指接受承运人委托或者接受转委托从事水路货物运输的人。

（六）托运人，是指与承运人订立运输合同的人。

（七）收货人，是指在运输合同中托运人指定接收货物的人。

（八）货物，包括活动物和由托运人提供的用于集装货物的集装箱、货盘或者类似的装运器具。

（九）单元滚装运输，是指以一台不论是否装载货物的机动车辆或者移动机械作为一个运输单元，由托运人或者其受雇人驾驶驶上、驶离船舶的水路运输方式。

（十）集装箱货物运输，是指将货物装入符合国际标准（ISO）、国家标准、行业标准的集装箱进行运输的水路运输方式。

第二章　运输合同的订立

第四条　运输合同，应当按照公平的原则订立。

第五条　指令性水路货物运输，有关当事人应当依照有关法律、行政法规规定的权利和义务订立运输合同。

第六条　当事人可以根据需要订立单航次运输合同和长期运输合同。

第七条　订立运输合同可以采用书面形式、口头形式和其他形式。

书面形式是指合同书、信件和数据电文（包括电报、电传、传真、电子数据交换和电子邮件）等可以有形地表现所载内容的形式。

第八条　班轮运输形式下的运输合同一般包括以下条款：

（一）承运人、托运人和收货人名称；

（二）货物名称、件数、重量、体积（长、宽、高）；

（三）运输费用及其结算方式；

（四）船名、航次；

（五）起运港（站、点）（以下简称起运港）、中转港（站、点）（以下简称中转港）和到达港（站、点）（以下简称到达港）；

（六）货物交接的地点和时间；

（七）装船日期；

（八）运到期限；

（九）包装方式；

（十）识别标志；

（十一）违约责任；

（十二）解决争议的方法。

第九条　航次租船运输形式下的运输合同一般包括以下条款：

（一）出租人和承租人名称；

（二）货物名称、件数、重量、体积（长、宽、高）；

（三）运输费用及其结算方式；

（四）船名；

（五）载货重量、载货容积及其他船舶资料；

（六）起运港和到达港；

（七）货物交接的地点和时间；

（八）受载期限；

（九）运到期限；

（十）装、卸货期限及其计算办法；

（十一）滞期费率和速遣费率；

（十二）包装方式；

（十三）识别标志；

（十四）违约责任；

（十五）解决争议的方法。

第十条　采用合同书形式订立运输合同的，自双方当事人签字或者盖章时合同成立。

采用信件、数据电文等形式订立合同的，可以在合同成立之前要求签订确认书。签订确认书时合同成立。

采用合同书形式订立合同，在签字或者盖章之前，当事人一方已经履行主要义务，对方接受的，该合同成立。

第三章 运输合同当事人的权利、义务

第一节 托运人

第十一条 托运人应当及时办理港口、海关、检验、检疫、公安和其他货物运输所需的各项手续，并将已办理各项手续的单证送交承运人。

因托运人办理各项手续和有关单证不及时、不完备或者不正确，造成承运人损失的，托运人应当承担赔偿责任。

第十二条 托运人托运货物的名称、件数、重量、体积、包装方式、识别标志，应当与运输合同的约定相符。

托运人未按前款规定托运货物造成承运人损失的，应当承担赔偿责任。

第十三条 散装货物，托运人确定重量有困难时，可以要求承运人提供船舶水尺计量数作为申报的重量。

第十四条 以件运输的货物，承运人验收货物时，发现货物的实际重量或者体积与托运人申报的重量或者体积不符时，托运人应当按照实际重量或者体积支付运输费用并向承运人支付衡量等费用。

第十五条 需要具备运输包装的货物，托运人应当保证货物的包装符合国家规定的包装标准；没有包装标准的，货物的包装应当保证运输安全和货物质量。

第十六条 需要随附备用包装的货物，托运人应当提供足够数量的备用包装，交承运人随货免费运输。

第十七条 托运危险货物，托运人应当按照有关危险货物运输的规定，妥善包装，制作危险品标志和标签，并将其正式名称和危险性质以及必要时应当采取的预防措施书面通知承运人。

第十八条 托运人应当在货物的外包装或者表面正确制作识别标志。识别标志的内容包括发货符号、货物名称、起运港、中转港、到达港、收货人、货物总件数。

托运人应当根据货物的性质和安全储运要求，按照国家规定，在货物外包装或者表面制作储运指示标志。

识别标志和储运指示标志应当字迹清楚、牢固。

第十九条 同一托运人、收货人整船、整舱装运的直达运输货物可以不制作识别标志。外贸出口货物到港口不变换原包装的可以使用原包装的商品标志作为识别标志。

第二十条 除另有约定外，托运人应当预付运费。

第二十一条 托运人托运货物，可以办理保价运输。

货物发生损坏、灭失，承运人应当按照货物的声明价值进行赔偿，但承运人证明货物的实际价值低于声明价值的，按照货物的实际价值赔偿。

第二十二条 除另有约定外，运输过程中需要饲养、照料的活动物、有生植物，以及尖端保密物品、稀有珍贵物品和文物、有价证券、货币等，托运人应当向承运人申报并随船押运。托运人押运其他货物须经承运人同意。

托运人应当在运单内注明押运人员的姓名和证件。

第二十三条　托运笨重、长大货物和舱面货物所需要的特殊加固、捆扎、烧焊、衬垫、苫盖物料和人工由托运人负责，卸船时由收货人拆除和收回相关物料；需要改变船上装置的，货物卸船后应当由收货人负责恢复原状。

第二十四条　托运人托运易腐货物和活动物、有生植物时，应当与承运人约定运到期限和运输要求；使用冷藏船（舱）装运易腐货物的，应当在订立运输合同时确定冷藏温度。

第二十五条　托运人托运木（竹）排应当按照与承运人商定的单排数量、规格和技术要求进行编扎。

托运船舶或者其他水上浮物，应当向承运人提供船舶或者其他水上浮物的吨位、吃水及长、宽、高和抗风能力等技术资料。

在船舶或者其他水上浮物上加载货物，应当经承运人同意，并支付运输费用。

航行中，木（竹）排、船舶或者其他水上浮物上的人员（包括船员、排工及押运人员）应当听从承运人的指挥，配合承运人保证航行安全。

第二十六条　下列原因发生的洗舱费用由托运人或者收货人承担：

（一）托运人提出变更合同约定的液体货物品种；

（二）装运特殊液体货物（如航空汽油、煤油、变压器油、植物油等）需要的特殊洗舱；

（三）装运特殊污秽油类（如煤焦油等），卸后须洗刷船舱。

第二十七条　在承运人已履行本规则第三十条规定义务情况下，因货物的性质或者携带虫害等情况，需要对船舱或者货物进行检疫、洗刷、熏蒸、消毒的，应当由托运人或者收货人负责，并承担船舶滞期费等有关费用。

第二十八条　承运人将货物交付收货人之前，托运人可以要求承运人变更到达港或者将货物交给其他收货人，但应当赔偿承运人因此受到的损失。

第二十九条　托运人不履行合同义务或者履行合同义务不符合约定的，应当承担继续履行、采取补救措施或者赔偿损失等违约责任。

托运人因不可抗力不能履行合同的，根据不可抗力的影响，部分或者全部免除责任。迟延履行后发生不可抗力的，不能免除责任。

第二节　承运人

第三十条　承运人应当使船舶处于适航状态，妥善配备船员、装备船舶和配备供应品，并使干货舱、冷藏舱、冷气舱和其他载货处所适于并能安全收受、载运和保管货物。

第三十一条　承运人应当按照运输合同的约定接收货物。

第三十二条　承运人应当妥善地装载、搬移、积载、运输、保管、照料和卸载所运货物。

第三十三条　承运人应当按照约定的或者习惯的或者地理上的航线将货物运送到约定的到达港。

承运人为救助或者企图救助人命或者财产而发生的绕航或者其他合理绕航，不属于违反前款规定的行为。

第三十四条　承运人应当在约定期间或者在没有这种约定时在合理期间内将货物安全运送到约定地点。

货物未能在约定或者合理期间内在约定地点交付的，为迟延交付。对由此造成的损失，承运人应当承担赔偿责任。

承运人未能在本条第一款规定期间届满的次日起六十日内交付货物，有权对货物灭失提出赔偿请求的人可以认为货物已经灭失。

第三十五条　因不可抗力致使不能在合同约定的到达港卸货的，除另有约定外，承运人可以将货物在到达港邻近的安全港口或者地点卸载，视为已经履行合同。

承运人实施前款规定行为应当考虑托运人或者收货人的利益，并及时通知托运人或者收货人。

第三十六条　托运人违反本规则第十五条、第十七条规定，承运人可以拒绝运输。

第三十七条　托运人未按照本规则第十七条规定通知承运人或者通知有误的，承运人可以在任何时间、任何地点根据情况需要将危险货物卸下、销毁或者使之不能为害，而不承担赔偿责任。托运人对承运人因运输此类货物所受到的损失，应当承担赔偿责任。

承运人知道危险货物的性质并已同意装运的，仍然可以在该项货物对于船舶、人员或者其他货物构成实际危险时，将货物卸下、销毁或者使之不能为害，而不承担赔偿责任。但是，本款规定不影响共同海损的分摊。

第三十八条　货物运抵到达港后，承运人应当在 24 小时内向收货人发出到货通知。

到货通知的时间，信函通知的，以发出邮戳为准；电传、电报、传真通知的，以发出时间为准；采用数据电文形式通知的，收件人指定特定系统接收数据电文的，以该数据电文进入该特定系统的时间为通知时间；未指定特定系统的，以该数据电文进入收件人的任何系统的首次时间为通知时间。

第三十九条　根据运输合同的约定应当由收货人委托港口作业的，货物运抵到达港后，收货人没有委托时，承运人可以委托港口经营人进行作业，由此产生的费用和风险由收货人承担。

第四十条　应当向承运人支付的运费、保管费、滞期费、共同海损的分摊和承运人为货物垫付的必要费用以及应当向承运人支付的其他运输费用没有付清，又没有提供适当担保的，承运人可以留置相应的运输货物，但另有约定的除外。

第四十一条　承运人发出到货通知后，应当每十天催提一次，满三十天收货人不提取或者找不到收货人，承运人应当通知托运人，托运人在承运人发出通知后三十天内负责处理该批货物。

托运人未在前款规定期限内处理货物的，承运人可以将该批货物作为无法交付货物处理。

第四十二条　承运人交付货物的情况符合《中华人民共和国合同法》第一百零一条、第三百一十六条规定的条件时，承运人可以根据《中华人民共和国合同法》的规定将货物提存。

第四十三条　承运人对收集的地脚货物，应当做到物归原主；不能确定货主的，应当按照无法交付货物处理。

第四十四条　收货人有权就水路货物运单（以下简称运单）上所载货物损坏、灭失或者迟延交付所造成的损害向承运人索赔；承运人可以适用本规则规定的抗辩理由进行抗辩。

第四十五条　承运人将货物运输或者部分运输委托给实际承运人履行的，承运人仍然应当对全程运输负责。

虽有前款规定，在运输合同中明确约定合同所包括的特定的部分运输由承运人以外的指定的实际承运人履行的，合同可以同时约定，货物在指定的实际承运人运输期间发生的损坏、灭失或者迟延交付，承运人不承担赔偿责任。

第四十六条　承运人与实际承运人都负有赔偿责任的，应当在该项责任范围内承担连带责任。

第四十七条　根据本规则第四十六条的规定，当实际承运人承担连带责任时，本规则对承运人责任的有关规定，适用于实际承运人。

承运人承担本规则未规定的义务或者放弃本规则赋予的权利的任何特别协议，经实际承运人书面明确同意的，对实际承运人发生效力；实际承运人是否同意，不影响此项特别协议对承运人的效力。

第四十八条　承运人对运输合同履行过程中货物的损坏、灭失或者迟延交付承担损害赔偿责任，但承运人证明货物的损坏、灭失或者迟延交付是由于下列原因造成的除外：

（一）不可抗力；

（二）货物的自然属性和潜在缺陷；

（三）货物的自然减量和合理损耗；

（四）包装不符合要求；

（五）包装完好但货物与运单记载内容不符；

（六）识别标志、储运指示标志不符合本规则第十八条、第十九条规定；

（七）托运人申报的货物重量不准确；

（八）托运人押运过程中的过错；

（九）普通货物中夹带危险、流质、易腐货物；

（十）托运人、收货人的其他过错。

第四十九条　货物在运输过程中因不可抗力灭失，未收取运费的，承运人不得要求支付运费；已收取运费的，托运人可以要求返还。货物在运输过程中因不可抗力部分灭失的，承运人按照实际交付的货物比例收取运费。

第五十条　散装液体货物只限于整船、整舱运输，由托运人在装船前验舱认可后才能装载。

第五十一条　单件货物重量或者长度超过下列标准的，应当按照笨重、长大货物运输：

（一）沿海：重量 5 吨，长度 12 米；

（二）长江、黑龙江干线：重量 3 吨，长度 10 米；

各省（自治区、直辖市）交通主管部门对本省内运输的笨重、长大货物标准可以另行规定，并报国务院交通主管部门备案。

第五十二条　运输笨重、长大货物，应当在运单内载明总件数、重量和体积（长、宽、高），并随附清单标明每件货物的重量、长度和体积（长、宽、高）。

第五十三条　承运人在舱面上装载货物，应当同托运人达成协议，或者符合航运惯例，或者符合有关法律、行政法规的规定。

承运人与托运人约定将货物配装在舱面上的，应当在运单上注明“舱面货物”。

第五十四条　承运人依照本规则第五十三条规定将货物装载在舱面上，对由于此种装载的特殊风险造成的货物损坏、灭失，不承担赔偿责任。

承运人违反本规则第五十三条第一款规定将货物装载在舱面上，造成货物损坏、灭失的，应当承担赔偿责任。

第五十五条　承运人对运输的活动物、有生植物，应当保证航行中所需的淡水，有关费用由托运人承担。

运输活动物所需饲料，由托运人自备，承运人免费运输。

第五十六条　因运输活动物、有生植物的固有的特殊风险造成活动物、有生植物损坏、灭失的，承运人不承担赔偿责任。但是，承运人应当证明业已履行托运人关于运输活动物、有生植物的特别要求，并证明根据实际情况，损坏、灭失是由于此种固有的特殊风险造成的。

第五十七条　承运人应当将与托运人约定的运输易腐货物和活动物、有生植物的运到期限和运输要求，使用冷藏船（舱）装运易腐货物的冷藏温度，木（竹）排的实际规格，托运的船舶或者其他水上浮物的吨位、吃水及长、宽、高和抗风能力等技术资料在运单内载明。

第四章　运输单证

第五十八条　运单是运输合同的证明，是承运人已经接收货物的收据。

第五十九条　运单内容，一般包括下列各项：

（一）承运人、托运人和收货人名称；

（二）货物名称、件数、重量、体积（长、宽、高）；

（三）运输费用及其结算方式；

（四）船名、航次；

（五）起运港、中转港和到达港；

（六）货物交接的地点和时间；

（七）装船日期；

（八）运到期限；

（九）包装方式；

（十）识别标志；

（十一）相关事项。

第六十条　运单应当按照下列要求填制：

（一）一份运单，填写一个托运人、收货人、起运港、到达港；

（二）货物名称填写具体品名，名称过繁的，可以填写概括名称；

（三）规定按重量和体积择大计费的货物，应当填写货物的重量和体积（长、宽、高）；

（四）填写的各项内容应当准确、完整、清晰。

第六十一条　承运人接收货物应当签发运单，运单由载货船舶的船长签发的，视为代表承运人签发。

第六十二条　运单签发后承运人、承运人的代理人、托运人、到达港港口经营人、收货人各留存一份，另外一份由收货人收到货物后作为收据签还给承运人。

承运人可以视情况需要增加或者减少运单份数。

第五章　货物的接收与交付

第六十三条　除另有约定外，散装货物按重量交接；其他货物按件数交接。

第六十四条　散装货物按重量交接的，承运人与托运人应当约定货物交接的计量方法，没有约定的应当按船舶水尺数计量，不能按船舶水尺数计量的，运单中载明的货物重量对承运人不构成其交接货物重量的证据。

第六十五条 散装液体货物装船完毕，由托运人会同承运人按照每处油舱和管道阀门进行施封，施封材料由托运人自备，并将施封的数目、印文、材料品种等在运单内载明；卸船前，由承运人与收货人凭舱封交接。

托运人要求在两个地点装载或者卸载或者在同一卸载地点由几个收货人接收货物时，计量分劈及发生重量差数，均由托运人或者收货人负责。

第六十六条 收货人接到到货通知后，应当及时提货，不得因对货物进行检验而滞留船舶。

第六十七条 承运人交付货物时，应当核对证明收货人单位或者身份以及经办人身份的有关证件。

第六十八条 收货人提取货物时，应当验收货物，并签发收据，发现货物损坏、灭失的，交接对方应当编制货运记录。

收货人在提取货物时没有就货物的数量和质量提出异议的，视为承运人已经按照运单的记载交付货物，除非收货人提出相反的证明。

第六十九条 按照约定在提货时支付运费、滞期费和包装整修、加固费用以及其他中途垫款的，应当于办理提货手续时付清。

第七十条 下列情况，应托运人或者收货人的要求，承运人可以编制普通记录：

货物发生损坏、灭失，按照约定或者本规则第四十八条的规定，承运人可以免除责任的；

托运人随附在运单上的单证丢失；

托运人押运和舱面货物发生非承运人责任造成的损坏、灭失；

货物包装经过加固整理；

收货人要求证明与货物数量、质量无关的其他情况。

第七十一条 货运记录和普通记录的编制，应当准确、客观。

货运记录应当在接收或者交付货物的当时由交接双方编制。

第七十二条 收货人在到达港提取货物前或者承运人在到达港交付货物前，可以要求检验机构对货物状况进行检验；要求检验的一方应当支付检验费用，但是有权向造成货物损失的责任方追偿。

收货人或者承运人按照前款进行检验的，应当相互提供合理的便利条件。

第六章 航次租船运输的特别规定

第七十三条 本规则第三十条和第三十三条的规定，适用于航次租船的出租人。

本规则其他有关合同当事人之间的权利、义务的规定，仅在航次租船运输形式下的运输合同没有约定或者没有不同约定时适用于出租人和承租人。

第七十四条 出租人应当按照合同的约定提供船舶舱位；经承租人同意，出租人可以更换船舶。但提供的船舶舱位或者更换的船舶不符合合同约定的，承租人有权拒绝或者解除合同。

因出租人责任未提供约定的船舶舱位造成承租人损失的，出租人应当承担赔偿责任。

第七十五条 出租人在约定的受载期限内未提供船舶舱位的，承租人有权解除合同。但是，出租人在受载期限内将船舶延误情况和船舶预期抵达起运港的日期通知承租人的，承租人应当自收到通知时起 24 小时内，将解除合同的决定通知出租人。逾期没有通知的，视为不解除合同。

因出租人责任延误提供船舶舱位造成承租人损失的，出租人应当承担赔偿责任。

第七十六条　承租人可以将其租用的船舶舱位转租；转租后，原合同约定的权利、义务不受影响。

第七十七条　承租人应当提供约定的货物；经出租人同意，可以变更货物。但是，更换的货物对出租人不利的，出租人有权拒绝或者解除合同。

因承租人责任未提供约定的货物造成出租人损失的，承租人应当承担赔偿责任。

第七十八条　航次租船运输形式下，收货人是承租人的，出租人与收货人之间的权利、义务根据航次租船运输形式下运输合同的内容确定；收货人不是承租人的，承运人与收货人之间的权利、义务根据承运人签发的运单的内容确定。

第七章　集装箱运输的特别规定

第七十九条　承运人向托运人提供集装箱空箱时，托运人应当检查箱体并核对箱号；收货人返还空箱时，承运人应当检查箱体并核对箱号；

承运人、托运人、收货人对整箱货物，应当检查箱体、封志状况并核对箱号；

承运人、托运人、收货人对特种集装箱，应当检查集装箱机械、电器装置、设备的运转情况。

集装箱交接状况，应当在交接单证上如实加以记载。

第八十条　根据约定由托运人负责装、拆箱的，运单上应当准确记载集装箱封志号；交接时发现封志号与运单记载不符或者封志破坏的，交接双方应当编制货运记录。

第八十一条　根据约定由承运人负责装、拆箱的，承运人与托运人或者收货人对货物进行交接。

第八十二条　集装箱货物需拆箱后转运的，其包装应当符合第十五条的规定。

第八十三条　收货人提取货物后，应当按照约定将空箱归还，超期不归还的，按照约定交纳滞箱费。

第八十四条　集装箱货物装箱时应当做到合理积载、堆码整齐、牢固。

集装箱受载不得超过其额定的重量。

第八章　单元滚装运输的特别规定

第八十五条　单元滚装运输方式下运输合同的履行期间为运输单元进入起运港至离开到达港。

第八十六条　承运人应当对运输单元的表面状况进行验收，发现有异常状况的，应当在运单内载明。

第八十七条　运输单元进入起运港时承运人应当在运单上签注，离开到达港时托运人应当在运单上签注，并将签注后的运单交还给承运人。

第八十八条　单元滚装运输不得运输危险品。

第八十九条　运单上应当载明车牌号码、运输单元的重量、体积（长、宽、高）。

第九十条　托运人对车辆或者移动机械所载货物应当绑扎牢固。

运输单元在船舶上需要特殊加固绑扎的，托运人应当在托运时向承运人提出，并支付相关费用。

承运人应当备妥加固绑扎的物料，并为防止运输单元滑动而进行一般性绑扎和加固。对有特殊绑扎要求的，由双方另行约定。

第九十一条　运输单元驶上或者驶离船舶时，司乘人员应当遵守有关规定，服从船方指挥，按顺序和指定的行车路线行驶。运输单元进入指定的车位后，司机应当关闭发动机，使车辆处于制动状态。

第九十二条　运输单元的实际重量、体积与运单记载不符的，托运人应当按照实际重量或者体积支付运输费用并向承运人支付衡量等费用。

第九十三条　从事单元滚装运输的船舶应当分设供旅客和运输单元上下船的专用通道；船舶只设有一个通道时，旅客与运输单元上下船时必须分流。

承运人应当在船舱内配备照明、通风等设施。

第九章　附则

第九十四条　水路与其他运输方式之间货物联运中的水路运输、水路军事运输、邮件运输、危险货物运输，除另有规定外，适用本规则。

第九十五条　本规则由国务院交通主管部门负责解释。

第九十六条　本规则自 2001 年 1 月 1 日起施行。《水路货物运输规则》和《水路货物运输管理规则》（交通部〔95〕交水发 221 号）、《国内水路集装箱货物运输规则》（交通部〔1996〕16 号令）、《水路货物滚装运输规则》（交通部 1997 年第 6 号令）、《船舶无法交付货物处理试行办法》（〔88〕交河字 75 号）、《关于沿海航线密封运输的几项规定》（〔82〕交河运字 729 号）以及本规则施行前交通部发布的其他与本规则不一致的相关规定同时废止。

参考文献

[1] 贺顺保．货物学．大连：大连海事大学出版社，1997．
[2] 刘北林．海关商品学．北京：中国物资出版社，2003．
[3] 窦志明．物流商品养护技术．北京：人民交通出版社，2006．
[4] 谢瑞玲．商品学基础．北京：高等教育出版社，2001．
[5] 马德生．商品学基础．北京：高等教育出版社，2001．
[6] 货物学基础．霍红．北京：中国物资出版社，2006．
[7] 朱强．货物学．北京：机械工业出版社，2004．